SENGAI

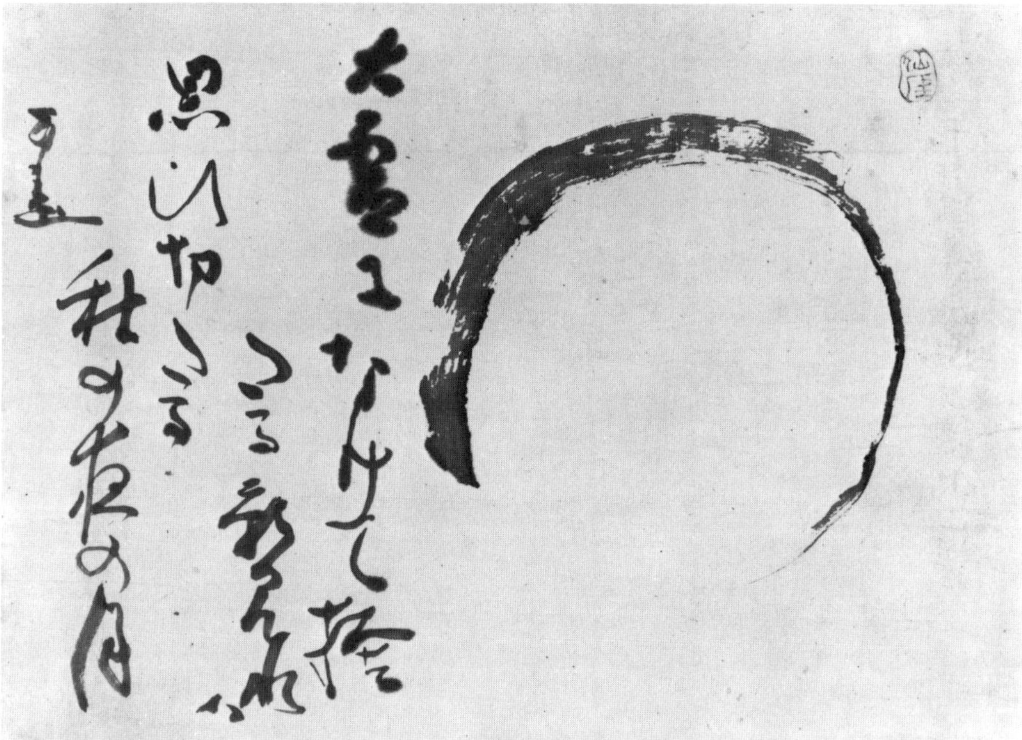

大虚になけて拾たる影見れハ
思い切たる秋の夜の月　　匡

Wenn ich den Schatten [der Realität] sehe,
in die Leere des Raumes geworfen –
Wie kühn gezeichnet
Steht der Mond in
Der herbstlichen Nacht!

Daisetz T. Suzuki

Der Zen-Meister SENGAI

Tuschzeichnungen und Gedichte

Herausgegeben von
Eva van Hoboken

DuMont Buchverlag Köln

CIP-Kurztitelaufnahme der Deutschen Bibliothek

Sengai:
Der Zen-Meister Sengai : Tuschzeichn. u. Gedichte / [Sengai]. Daisetz T. Suzuki. Hrsg. von Eva van Hoboken. [Aus d. Engl. von Eva van Hoboken]. – Köln : DuMont, 1985.
ISBN 3-7701-1605-4

NE: Suzuki, Daisetz Teitaro [Mitarb.]; HST

Aus dem Englischen von Eva van Hoboken

Die Originalausgabe dieses Bandes erschien unter dem Titel »Sengai, The Zen Master« bei Faber & Faber, London.
Satz und Druck: Rasch, Bramsche
Buchbinderische Verarbeitung: Hunke + Schröder, Iserlohn

ISBN 3-7701-1605-4 Printed in Germany

Inhalt

Abbildungen

Sengais Zeit in den Tempeln

Tuschzeichnungen und Kalligraphien

Vorwort der Herausgeberin

Ein berühmter Ausspruch Dr. Daisetz Suzukis lautete, jemand habe die Lehre des Zen so lange nicht begriffen, wie er sie nicht wieder vergessen habe. Er studierte sein Leben lang den Zen-Buddhismus und folgte hierin dem großen japanischen Zen-Meister Gibbon Sengai (1750–1830), dem Abt des ältesten Zen-Tempels in Japan, dem Shōfukuji. Dr. Suzuki hat das Verständnis für Zen in West und Ost fördern können, seine Gelehrsamkeit war weltberühmt. Wie Sengai aber verlor er nie das wahre Ziel seiner Studien aus den Augen: die innere Freiheit, die Erleuchtung. Daher können seine Texte und Kommentare zu den Zeichnungen Sengais dessen eigener Botschaft einen Weg zum modernen Leser bahnen. Suzukis Weisheit und Humor speisen sich aus der gleichen Quelle wie bei Sengai: Das Leichte seiner Zeichnungen und Gedichte von den täglichen Sorgen und Freuden spricht von der transzendenten Weisheit des Zen.

In einem Interview gegen Ende seines Lebens erwähnte Dr. Suzuki die Möglichkeit, daß der von China nach Japan gekommene und im fernen Osten über tausend Jahre lang entwickelte Zen aussterben könnte, und es nun dem Westen zufalle, seine Lehre zu bewahren. Sollte sie hier aber nicht richtig aufgenommen werden und keinen festen Grund fassen, könnte das Wissen vom Zen, trotz seiner zeitlosen Essenz, verloren gehen. Doch der Geist des Zen ist unsterblich: Zen ist Zen.

Dr. Suzuki betrachtet seine Erklärungen zu Sengais Rollbildern als die Summe seiner eigenen Arbeit. Er verfaßte sie in englischer Sprache und sein letzter Wunsch war es, daß dieses letzte Buch seines fünfundneunzigjährigen Lebens im Westen veröffentlicht würde; geduldig unterstützte er mich bei der Übersetzung, und der ursprüngliche Text wurde nicht verändert.

Die Herausgeberin möchte all jenen ihre Dankbarkeit aussprechen, die an der Erfüllung dieses Wunsches beteiligt waren: in erster Linie dem verstorbenen Eigentümer der wertvollen Rollbilder Sengais, Herrn Sazo Idemitsu; dem Pionier in der Beschreibung moderner Kunst, Sir Basil Gray, der sich erst kürzlich von seiner Aufgabe als Kustos der Orientalischen Abteilung des British Museum zurückgezogen hat; Professor Shōkin Furuda, dem Leiter der Pine Hall Library in Kamakura; dem Präsidenten der Buddhist Society, Mr. Christmas Humphreys, sowie dem verstorbenen Abt des Kinkakuji – des Goldenen Pavillon zu Kyoto –, Rev. Jikai Murakami, für ihre moralische Unterstützung. Besonders möchte ich mich auch bei Ernst Brücher, dem deutschen Verleger dieses Buches, bedanken, der keine Kosten und Mühen scheute, dies Werk zu fördern.

Zürich, Mai 1985 — Eva van Hoboken

Sengais Zeichnungen und ich

In seinen späten Jahren lebte Sengai in Hakata (Fukuoka), was zufälligerweise auch meine Heimatstadt ist. Als ich etwa neunzehn Jahre alt war, nahm mich mein Vater eines Tages mit zu einem der lokalen Kunsthändler, und dort erblickte ich Sengais Zeichnungen zum ersten Mal. Auf der Stelle war ich fasziniert und bat meinen Vater, mit eine zu kaufen. Es handelte sich um die Nr. 113 in diesem Buch mit der Darstellung des Hotei (Pu-tai, eines der sieben Glücksgötter). Damals hatte ich gerade die Schule verlassen und mein eigenes Geschäft begonnen, und Sengais Zeichnungen waren noch von erschwinglichem Preis. Nach jeder Geschäftsreise freute ich mich darauf, die mir von irgendwelchen Kunsthändlern besorgten neuen Zeichnungen zu betrachten, und wenn sie mal keine gefunden hatten, hatte ich das Gefühl, daß etwas Wichtiges fehlte. So ging es etwa sechzig Jahre lang – und das Ergebnis heute ist meine recht umfassende Sammlung.

Obwohl ich aber Sengais Zeichnungen sammelte, kümmerte ich mich fast vierzig Jahre lang nicht darum, wer oder was er war. Ich kannte ihn einfach als einen witzigen, ungewöhnlichen und interessanten Mönch. Erst viel später erfuhr ich, daß er unter dem Namen Entsu-Zenji einer der berühmten Meister der Zen-Geschichte war. Und doch möchte ich nicht verheimlichen, daß die tägliche, vertraute Begegnung mit seinen Zeichnungen von großem Einfluß und tiefer Inspiration für mich war –, daß ich Sengai-san viel vom Glück meines Lebens verdanke.

Vor sechzehn Jahren begann ich damit, Sengais Zeichnungen für Kalender meines Unternehmens zu reproduzieren; sie erfuhren im Ausland und in Japan eine solche Zustimmung, daß ich 1970 schließlich eine Auflage von 800000 Stück erreichte. Ich bin davon überzeugt, daß diese Kalender viel zum harmonischen Leben ihrer Empfänger beigetragen haben und ich werde damit fortfahren, solange meine Sammlung es erlaubt.

Im April und Mai 1956 wurden auf dem »Japan Cultural Festival« in Oakland, Kalifornien, japanische Tuschezeichnungen ausgestellt; damals stellte ich 22 Werke von Sengai zur Verfügung. Ich hatte auf Englisch einen recht einfachen Katalog vorbereitet, der den Besuchern etwas beim Verständnis der Ausstellung helfen sollte. Zu dieser Zeit befand sich Dr. Daisetz T. Suzuki gerade in New York, und nachdem er meinen Katalog gesehen hatte, schrieb er mir, er habe, vermittelt über unsere gemeinsame Liebe für die Zeichnungen Sengais, das Gefühl, zu einem sehr guten Freund zu sprechen. Dies war der Beginn meiner Freundschaft mit Suzuki-sensei.

Ich halte es für überflüssig, mehr über Suzuki-sensei zu erzählen. Es mag die Erwähnung genügen, daß eine wirkliche Dichterin, Frau Eva van Hoboken, die sich unter seine Führerschaft begeben hatte, zwei Jahre später zur treibenden Kraft von vierzehn Sengai-Ausstellungen zwischen 1961 und 1964 in den berühmtesten Museen und Gallerien Europas wurde. Diesem ungewöhnlich dauerhaften Erfolg schlossen sich weitere Ausstellungen in Neuseeland, Australien, den U.S.A. und der U.d.S.S.R. an. Dies alles überzeugt mich immer mehr von der wirklichen Tiefe der Botschaft Sengais.

Im Jahre 1961 bat ich Suzuki-sensei, mit mir den Sommer in meinem Haus in Karuizawa zu verbringen, und seitdem kam er jeden Sommer, um dort eine Weile zu studieren. Es war, soweit ich mich erinnere, im Sommer 1963, daß wir irgendwie auf die Idee zu sprechen kamen, eine englische Ausgabe der Arbeiten Sengais zu veröffentlichen. Kaum war die Idee geboren, strebte ich nach ihrer Verwirklichung. Auch Suzuki-sensei machte sich an die Arbeit – mit den Worten, nun müsse er noch mindestens fünf Jahre leben, um das zu vollenden, was er vorhatte. Trotz seiner neunzig Jahre und seiner zahlreichen anderen Verpflichtungen stürzte er sich mit bewundernswertem Enthusiasmus in die Arbeit. Nach drei Jahren der Anstrengung beendete er schließlich die erste Serie von Manuskripten über 127 Werke Sengais. Doch am Morgen des 12. Juli 1966, als er gerade nach Karuizawa aufbrechen wollte, um in meinem Haus die letzten Korrekturen vorzunehmen, ergriff ihn die Krankheit, von der er sich nie mehr erholte.

So plötzlich fiel der große Schüler und Lehrer des Zen. Meditierend blicke ich zurück auf die warmherzige Unterweisung, die ich von seinem festen Glauben erfahren habe. Natürlich war ich voll tiefer Trauer. Aber er hatte einen unschätzbaren Nachlaß hinterlassen in Form seiner Manuskripte über Sengai, und ich fühle mich verpflichtet, sie als Erinnerung an sein Leben und zum Nutzen aller Leser in würdiger Form veröffentlichen zu lassen. Ich möchte die Hoffnung aussprechen, daß die äußerst genauen Kommentare Dr. Suzukis die Vorzüge von Sengais Zen und seine Werke einem weiten Leserkreis zugänglich machen können. Wenn dieses Buch den Menschen ein Führer würde auf einem Weg, der uns schließlich der Harmonie und dem Frieden in der Welt näher bringt, wäre ich wirklich glücklich.

Tokio, 1970 — Sazo Idemitsu

Sengai und seine Vorläufer

Sengai, so heißt es, war kein »professioneller Künstler«, doch das bedeutet nicht, daß er sich grundsätzlich von den vielen anderen Priester-Künstlern unterschieden hätte. Sicherlich war er mit der Zen-Tradition der SUIBOKU-Tuschmalerei vertraut, die in Japan ständig neue Impulse erhielt, und zwar vor allem von Mönchen, die zur Zeit der Mongolenherrschaft und der Manchu-Dynastie aus China flohen. Im 18. Jahrhundert verband sich die dissidente mönchische Zen-Tradition in ihrer Betonung von Ernsthaftigkeit und Spontaneität mit den schulmäßigen Vorschriften der BUNJINGA-Auffassung (chines.: Wên jên hua) der professionellen Maler. Dieses Konzept des »Tuschespiels« machte Sengai freudig zu seinem eigenen Traditionsrahmen. Hierbei darf daran erinnert werden, daß er zu einer Zeit aufwuchs, als Yosa Buson (1716–83), der bedeutendste Exponent dieser Nanga-(oder chinesischen) Tradition, in seine letzte Phase eintrat, während der er in den 1770er Jahren seine Kunst als HAIKU-Dichter mit seiner meisterlichen Malerei kombinierte, um den HAIGA-Stil zu entwickeln – jene populäre und unverkrampfte Verknüpfung aphoristischer Gedichte und Zeichnungen. Selbst wenn sich die beiden niemals getroffen haben, muß man davon ausgehen, daß Sengai mit den späten Arbeiten Busons vertraut war. Denn erst im Alter von vierzig Jahren zog er sich nach Hakata auf Kyûshû zurück; vorher aber – bei seinem Meister Gessen Zenji in Nagata – muß er in der Periode zwischen 1770 und 1783 mit den vitalsten Strömungen des Zen Bekanntschaft gemacht haben, für die eben Namen wie Ike no Taiga (1723–1776) und Yosa Buson standen.

Die subtile Verwebung von HAIKU-Gedichten und Illustrationen entstammt dieser Bewegung. Die Tradition der Zen-Mönche verlangte die meisterliche Beherrschung der Kunst der Kalligraphie nicht weniger als die Vollendung der ihr technisch unmittelbar verwandten Malerei. Diese Tradition wurde besonders intensiv auf Kyûshû gepflegt, wo der Shōfukuji liegt, dessen Abt Sengai bis 1811 war. Auf dieser südlichen Insel konnte sich der chinesische Einfluß wegen ihrer Nähe zu den Küsten Chinas und Koreas stets besonders stark bemerkbar machen. Sengai trat also in das Erbe einer Maltradition ein, der im Westen nichts Vergleichbares entgegenzusetzen ist. Seine Dichtung hingegen lobte man wegen der Qualitäten, die schon seit Jahrhunderten als vorbildlich gegolten hatten. Seine Bewunderung für den größten aller HAIKU-Dichter, Bashō (1644–94), erkennt man ganz deutlich in einer der 1962 in London ausgestellten Kalligraphien, die aus nichts weiter als seinem Namen besteht. Noch expliziter bezieht sich das Triptychon »Bashō und der Frosch« (Abb. 110) auf ein HAIKU seines Vorbildes.

Es ist bekannt, daß man eine tiefere Einsicht in das Werk eines Künstlers gewinnt, wenn man ihn in den Kontext seiner Zeit und seiner Landschaft stellt; auch Sengai bildet hier keine

Ausnahme: Man sollte sich ihn nicht als isolierten »Aufrührer«, sondern als Glied einer langen Kette des Zen-Widerstands gegen den Geist der Weltverfallenheit vorstellen.

Zweifellos geht von diesem energischen Dissens für uns heute die größte Faszination aus. Sengai war ein Feind jeder Form von »Establishment«, doch könnte er seinen Protest nicht so kraftvoll geführt haben, wenn er nicht mit den Waffen der HAIKU-Gedichte, der Tradition von Malerei und Kalligraphie und dem Humor der Erleuchtung ausgestattet gewesen wäre.

August 1970 — Basil Gray

Vorwort

Eine repräsentative Auswahl der Werke Sengais ist in den führenden Museen und Gallerien Europas in den Jahren zwischen 1961 und 1964 vorgestellt worden. Damals wurden Tausende mit dem Namen dieses großen japanischen Künstlers bekannt gemacht, und man verlangte nach einer bleibenden Erinnerung an diese Ausstellung. Der Katalog wurde gründlich überarbeitet, und einer der letzten Wünsche Dr. Suzukis, bevor er mit fünfundneunzig Jahren starb, war, den Sengai-Essay abzuschließen, mit dem der vorliegende Band nun eingeleitet wird. Daisetz Suzuki, einer der großen Weisen unserer Zeit, bezeichnete sich selbst als Schüler Sengais, und kein anderer hätte über ihn mit solcher Sympathie und so tiefem Verständnis schreiben können. Und doch war er stets einer der ersten zu betonen, daß Sengai durchaus nicht nur dem Spezialisten bekannt werden dürfte: Er sei ein sehr humaner, ja sogar volkstümlicher Künstler gewesen, der es verdiene, von allen Kunstliebhabern entdeckt zu werden. Dies ist nun möglich geworden – nicht zuletzt dank der Großzügigkeit Herrn Sazo Idemitsus, aus dessen Sammlung die Werke Sengais in diesem Buch stammen.

Es ist schwierig, eine europäische Parallele zu Sengai zu finden. Das Singuläre seiner Themen und seine Linienführung mögen uns an einige Zeichnungen und Radierungen Daumiers erinnern, der satirische Blick und die Schnelligkeit seiner Auffassung scheinen den Caprichos von Goya verwandt. Doch keiner dieser beiden Künstler besitzt die Vielfalt Sengais – keiner spannte in seinem Schaffen einen Bogen zwischen so unterschiedlichen Werken wie beispielsweise »Sengais Gedicht über sich selbst« (Abb. I), »Das Universum« (Abb. 1), »Die Pflaumenblüten« (Abb. 80), »Der Dompfaff« (Abb. 107), »Die schwimmende Kalebasse« (Abb. 115) oder »Der meditierende Frosch« (Abb. 40). Sengais innere Mannigfaltigkeit bleibt ohne Vergleich. Man möchte ihn einen transzendenten Humoristen nennen, aber dann darf man auch wieder seine lyrischen Seiten, seine Liebe zur Natur und solch ganz und gar ernstgemeinten Zeichnungen wie »Amida Butsu« (Abb. 2) nicht übersehen. Natürlich kommt er seinen innersten Absichten häufig gerade mit Witz und Humor am nächsten, doch ist ihm weniger an unserer Belustigung, als an der im Witz aufleuchtenden Erkenntnis gelegen.

Dr. Suzuki beschrieb das Abseitsstehen von der ernsten und feierlichen Geschäftigkeit der Welt, den ironisch reflektierenden Abstand, als eine der Grundhaltungen des Zen. Die Reaktion des freien Herzens auf das traurige Spektakel der Welt ist Erheiterung, doch trotz seiner Freiheit fühlt es sich auch verbunden. Sengais in seinen Zeichnungen sich ausdrückende Heiterkeit zeugt von einer »direkten Beziehung«, wie der abendländische Philosoph Martin Buber das Verhältnis von »Ich« und »Du« nennt. Einer seiner Sätze trifft genau den Kern der Haltung Sengais zu den Dingen und Menschen, denen er begegnete:

»Glaub an die schlichte Magie des Lebens, an den Dienst im All, und es wird dir aufgehn, was jenes Harren, Ausschaun, ›Kopfvorstrecken‹ der Kreatur meint. Jedes Wort würde fälschen; aber sieh, die Wesen leben um dich her, und auf welches du zugehst, du kommst immer zum Wesen.«

Es ist das Wesen in diesem Sinne, das Sengai so spontan und unverfälscht enthüllt. Personen und Dinge, das Selbst und die Natur, Gut und Böse, und alles in fortwährender Abhängigkeit voneinander und Beziehung zueinander – oder wie er selbst es einmal ausdrückte:

Nur weil [wir leben]
Inmitten von Gut und Böse.
Die kühle Brise am Abend!

Als Mensch von tiefem Mitgefühl, als brillanter Kalligraph und als tiefgründiger Mystiker kommt Sengai nach Europa, um uns zu unterrichten, uns aus der Verwirrung zu befreien und die schlichte Magie des Lebens zu lehren.

Herbert Read

Einführung von Daisetz T. Suzuki

1

Sengai, der Schöpfer dieser Tuschzeichnungen und Kalligraphien, war weder professioneller Künstler noch Kritiker des menschlichen Lebens mit dem Willen zum satirischen oder humoristischen Kommentar. In erster Linie war er Zen-Mönch und ein Lehrer, der die Menschen liebte und stets bestrebt war, Frieden und Glück in der Welt zu fördern. Er besaß eine transzendierende Sicht der Dinge, die ja in sich relativ und begrenzt sind. Sein Blick war tief nach innen gerichtet, während er zugleich die Schatten des flüchtigen Erdendaseins durchdrang. Er hegte Sympathie für die Menschen, die ihn umgaben und teilte ihre Leiden, aber er verlor sich niemals darin. In ihm ruhte eine Kraft, die genug Raum ließ für Witz und Humor.

Es gibt tatsächlich etwas im Zen, das Zenleute übereinander lachen läßt – aber auch jeden einzelnen über sich selbst. Wenn sie betonen, daß Zen nicht von Sprache abhängt, meinen sie das ernst, und sie haben zweifellos recht damit. Doch trotzdem können sie ihren Mund nicht halten; schweigen sie, so können sie sich anderen – und erst recht sich selbst – nicht verständlich machen. Irgendwie zwingt es den Zen-Anhänger zu sprechen – er muß sein Schweigen brechen. Tatsächlich bedeutet Ruhe an sich ja Negation, und Negation ist immer Verneinung von etwas: Dieses Etwas aber spricht mitten aus der Verneinung heraus. Das heißt aber, das Schweigen des Vimalakīrtī endet im Selbstwiderspruch – daher seine große Beredsamkeit. Wir vernichten uns gegen unseren Willen, und das reizt zum Lachen. Dies ist der Weg, auf dem die Zenmeister zugleich bejahen und verneinen können. Zen ist also immer auch Ziel des gegenseitigen Spotts seiner Anhänger. Jenseits des Spotts aber explodiert es häufig in einen Schrei, in einen Ausruf, und der Schüler erlebt die Weisheit erzieherischer Schläge und Tritte. Zen möchte immer so nahe wie möglich an der Realität haften, damit er nicht in die Welt der Symbole und Begriffe abgleitet.

2

Um diesen Punkt zu erklären, sollen einige Beispiele aus der Geschichte des Zen berichtet werden:

Von Bodhidharma, dem legendären ersten Patriarchen des chinesischen Zen, der etwa um 520 a. D. nach China kam, wird erzählt, er habe einst ein Gespräch mit dem Kaiser Wu aus der Liang-Dynastie geführt. Die erste Frage, die der Kaiser ihm stellte, lautete:

»Wie ist die ursprüngliche Wahrheit der Heiligen Lehre?«
Bodhidharma antwortete:
»Unermeßlich leer und überhaupt nicht heilig.«
Engo (Yüan-wu, 1062–1135), der die Sammlung »Die blaue Klippe« zusammentrug, kommentiert diese Wahrheit mit den Worten: »Ein Pfosten, um einen Esel daran zu binden!« Und über Bodhidharma selbst bemerkte er: »Oh, dieser Kerl, der Unsinn schwätzt!«

Der Leser mag sich wundern, wieso ein Buddhist eine derart herabsetzende Bemerkung über die erste Realität, auf der seine Lehre beruht, machen kann. Und was für eine Respektlosigkeit gegenüber dem Meister selbst! Doch Engo läßt es damit noch nicht genug sein. Zu Bodhidharmas Antwort: »Unermeßlich leer und überhaupt nicht heilig«, äußert er barsch: »Ich dachte, sie wäre außergewöhnlich wundervoll (aber was für ein Gemeinplatz!).« Bodhidharmas Antwort wirkt vom konventionellen Standpunkt aus etwas enttäuschend, sogar arrogant, aber wie kann ein Anhänger der Schule Bodhidharmas die Lehre seines Meisters als »Gemeinplatz« und »überhaupt nicht wundervoll« beschimpfen?

Im allgemeinen haben Zenmeister auch vor Personen nicht mehr Achtung als vor Begriffen. Ihr Blick richtet sich auf etwas jenseits aller Formen der Begrenzung und des Erklärbaren, und sie kritisieren andere von dieser höheren Warte aus. Als Bodhidharma daraufhin vom Kaiser gefragt wurde: »Wer bist Du denn (der Du doch für einen heiligen Prediger der Lehre Buddhas gehalten wirst)«, antwortete er ihm ganz unverblümt: »Ich weiß es nicht.« Engos Kommentar hierzu: »Pah, auch keinen Pfennig wert!« Dies ist nicht unbedingt ein Ausdruck von Engos Sarkasmus. Soweit er darauf abzielt, Menschen vor der Verstrickung in Worte und Begriffe zu warnen, hat er – wir müssen es zugeben – völlig recht, eine so scharfe Sprache zu gebrauchen. Wir sollten noch hinzufügen, daß Bodhidharma hier natürlich auch nicht als Agnostiker verstanden werden darf.

Es gibt eine wohlbekannte Episode von einem der Schüler Rinzais. Jō der Ältere kam zu Rinzai (Lin-chi, gest. 866) und fragte: »Was ist der Kern der Lehre Buddhas?« Rinzai erhob sich von seinem Stuhl, näherte sich dem Mönch, packte ihn an der Brust und schlug ihm ins Gesicht. Dann ließ er wieder von ihm ab. Jō wußte nicht, was das zu bedeuten hatte und stand völlig verblüfft da. Der diensthabende Mönch forderte ihn auf: »Warum verbeugst du dich nicht vor dem Meister?« Als Jō versuchte, sich wie geheißen zu verbeugen, kam eine große Erleuchtung über ihn.

Engo bemerkt zur Frage nach der Essenz der Lehre Buddhas: »Was für ein Kindskopf, so eine abgedroschene Frage zu stellen.« Über Rinzais Behandlung des Mönchs urteilt er: »Wie eine Großmutter!« Das trifft den Kern nicht schlecht, aber wie steht es mit Engos Kommentar zu der Frage, die alle ernsthaften Buddhisten beschäftigen muß? Über Jōs »große Erleuchtung« spottet er: »Was hat er da gesehen?« – als ob er sagen wollte: »So ein Quatsch, da gibt es schließlich nichts zu sehen.« »Ein Irrtum führt zum nächsten«, fährt Engo fort, als ob Jōs erste Frage ein solcher Fehler gewesen wäre, daß er schließlich logisch zum letzten Irrtum mit dem Namen »große Erleuchtung« hätte führen müssen. Alles in allem scheint Engos ausführliche Bewertung der Begebenheit zwischen Rinzai und seinem Schüler Jō doch ein bißchen zu viel Lärm um Nichts zu sein.

Gutei Osho (Chü-chih), der vermutlich in der zweiten Hälfte des neunten Jahrhunderts lebte, pflegte als einzige Antwort auf jedwede Frage nur einen Finger zu heben. Chōkei (Ch'ang-ch'ing, 855–932), einer seiner Zeitgenossen, bemerkte: »Wie üppig das Mahl auch sein mag, es kann den nicht mehr reizen, dessen Magen schon voll ist.«

Als Gutei auf dem Sterbebett lag, sprach er zu seinen Schülern: »Nachdem ich das Verständnis von Tenryūs (T'ien-lung) ›einem Finger‹ erlangt hatte, konnte ich doch für den Rest meines Lebens dessen Bedeutung nicht ganz ausschöpfen. Wollt ihr wissen, worin sie besteht?« Dann hob er einen Finger und entschlief wie ein Geist, der seine äußere Hülle abwirft. Später wurde Kokutai Shin von Meishō Dokuganryū gefragt: »Ich habe gehört, Gutei habe die Bedeutung des einen Fingers in einem dreizeiligen Dhārani gefunden. Bitte sage mir doch, wie dieser Dreizeiler lautet.« Shin hob einen Finger und Meishōs Augen öffneten sich.

Im Zen würde man sagen, daß Guteis geheimnisvoller Finger keineswegs ein Symbol für etwas anderes darstellt, sondern die Realität selbst, er ist das »eine Haar« des Löwen, auf dessen Spitze wir laut Kegon Millionen von Löwen tanzen sehen können. Er ist das vor Chōkei ausgebreitete reiche Festessen, das dieser jedoch mit den Worten »Das üppige Mahl kann mich nicht reizen« zurückweist.

Gensha (Hsüan-sha, 834–908), ein weiterer Zeitgenosse, behauptete: »Hätte er seinen Finger vor mir gehoben, dann hätte ich ihn ihm gebrochen!« Versteht man Guteis Finger als Symbol oder Begriff, dann ist er nichts wert; nur wenn man ihn wirklich für sich selbst nimmt, birgt er in sich Himmel und Erde und die zehntausend Dinge. Diese Art Finger aber kann niemals gebrochen werden. Zen versucht stets, bei Gutei den Wirklichkeits-Finger, nicht den Symbol-Finger zu sehen. Die scheinbar geringschätzige, herabsetzende, eingebildete Haltung des Zen gegenüber allem, was als heilig und tiefsinnig verehrt wird, ist genau auf diesen Blick zurückzuführen, der sich stets auf die Wirklichkeit selbst, nicht auf den leeren Begriff richtet. Daran muß man immer denken. Was freilich den äußeren Anschein angeht, wirken solche Urteile der Meister wirklich hemmungslos grob.

Jōshū (Chao-chou, 778–897) zählte zu den großen T'ang-Meistern. Ein Schüler fragte ihn: »Alle Dinge kehren zu einem zurück, aber wohin kehrt das Eine zurück?«

Der Meister gab zur Antwort: »Als ich in Seijū (Ching-chou) war, ließ ich mir ein Gewand anfertigen, das sieben KIN wog.«

Der Kommentar des Secchō (Hsüeh-tou, 980–1025) hierzu:

»Laß alles in den Westlichen See werfen:
Die milde Brise – wer wird sein Herz daran erfreuen?«

Engo interpretiert das so: »Wegwerfen bezieht sich auf das sieben KIN schwere Gewand, wie auf das Eine, zu dem die zehntausend Dinge zurückkehren. Befreie dich von beidem, löse dich vollständig von allen Formen der Begrenzung und des Erklärbaren, und du wirst wie ein Segelboot sein, das dem Wind über dem See folgt.«

Die Frage nach dem Einen ist von hoher philosophischer Bedeutung, und die meisten religiös eingestellten Menschen nähern sich ihr mit einem Gefühl von Achtung und Ehrfurcht. Niemals würden sie sich diesem Problem gegenüber so gleichgültig verhalten, als ginge es um den Kauf einer Robe oder das Wegwerfen eines alten Mantels und die Freude an der kühlen Luft eines Sommerabends. Die Haltung des Zen-Meisters hingegen klingt, abgesehen von ihren pädagogischen Motiven, mehr nach dem alltäglichen Menschenverstand.

In der Weltgeschichte des Denkens findet das unglaublich Drastische und Regellose des Zen keinen Vergleich. Sein Blick auf das Unendliche, ja in gewisser Weise sogar darüber hinaus, läßt ihn so außerordentliche Entdeckungen machen, daß nicht wenige Buddhisten selbst den Zen als satanisch oder dämonisch bezeichnen. Dies mag etwas übertrieben sein, denn im Zen wird stets darauf geachtet, daß die Schüler bestimmte Grenzen nicht überschreiten, bis sie praktisch und moralisch auf die richtigen Verhaltensweisen eines Zen-Lebens vorbereitet sind.

Hierzu möchte ich das folgende Beispiel erzählen: Ōbaku Ki-un (Huang-po Hsi-yün, gest. zwischen 847 und 860), ein älterer Zeitgenosse Jōshūs, war ein berühmter Meister der T'ang-Zeit. Im Kloster, dem er vorstand, gab es auch einen Novizen aus der kaiserlichen Familie, der später den Thron bestieg. Als dieser Novize Ōbaku einmal dabei antraf, wie er die Sūtra rezitierte, fragte er ihn: »Man hat mir gesagt, ich solle ›(die Wahrheit) nicht durch Buddha, noch durch das Dharma, noch das Sangha suchen‹. Wenn das stimmt, warum suchst du, indem du dich vor Buddha verbeugst?«

Ōbaku antwortete: »Ich suche nicht durch Buddha, noch durch das Dharma, noch das Sangha. In der Weise verbeuge ich mich vor Buddha.«

»Welchen Sinn hat das Verbeugen denn dann?«

Wortlos versetzte Ōbaku dem Mönch einen Schlag.

Der protestierte: »Wie grob du bist!«

Ōbaku aber sagte: »Was glaubst du, wo du bist? Hier wird nicht über ›grob‹ oder ›fein‹ diskutiert.« Und ein zweiter Schlag folgte dem ersten.

3

Aus all dem also geht – wie ich glaube: ganz natürlich – hervor, daß die Zen-Meister unsere weltliche Betriebsamkeit, und sich selbst nicht ausgeschlossen, recht komisch finden. Sie lachen darüber, freilich völlig ohne jede verletzende oder böse Absicht. Der Weise trägt in sich gleichzeitig die Liebe zu den Menschen und das Gefühl der »Abgeschiedenheit«, wie Meister Eckhart es nannte. Er lebt in der Welt, als ob er nicht darin wäre, er befindet sich in ihr, aber er hängt nicht daran. Der die Bilder Sengais durchtönende Humor ist Ausdruck seiner ursprünglichen Menschlichkeit; keine Spur von selbstentfremdender Kälte des Zynismus!

Zweifellos besitzt Sengais Humor eine transzendente Spitze, doch dürfen wie nicht vergessen, daß er auch ungeheuer immanent denkt. Er ist einer von uns, er lebt in uns, mit uns, und teilt unsere Kümmernisse. Das ist seine KARŪNA (Liebe). Ein guter Zen-Mönch ist die Verkörperung von MAHĀPRAJÑĀ (absoluter Weisheit) und NAHĀKARUNĀ (absoluter Liebe). Der erste Aspekt bestimmt seine Transzendenz, der zweite führt ihn aus seinen Höhen zurück zum Humanismus. Er kann unmöglich reiner Zyniker sein. Als Sengai einmal als der Zen-Mönch beschrieben wurde, der mit dem Pinsel spielt, um über die menschlichen Schwächen zu lachen, wehrte er sich und sagte: »Nein, das bin ich nicht. In jedem Pinselstrich fließt das Innerste meines Herzens über.« Er wollte seine Arbeiten nicht auf das Niveau von »Packpapier« reduzieren lassen, als ob es sich dabei um puren Zeitvertreib handele.

Ich erwähnte bereits, daß Sengai kein professioneller Künstler war; wenn er den Pinsel nahm und auf den Papierbogen vor sich blickte, fühlte er sich dann nicht doch, wenngleich auf etwas kompliziertere Weise, wie ein Junge, der mit seinem Ball spielte? Fühlte er keine innere Herausforderung, während der schöpferische Impuls die Bewegungen seines Pinsels lenkte?

Ryōkan, ein Zeitgenosse und Freund Sengais, pflegte mit seinen Freuden, meist einer Gruppe kleiner Mädchen, ein Spiel namens TEMARI zu spielen. Er freute sich, die jungen Hände flink den hüpfenden Ball treiben zu sehen, begleitet von einem einfachen Liedchen. Die Mädchen hatten noch keine objektive Vorstellung vom Leben, sie fühlten es nur im Innern und übersetzten es in die Bewegung von Armen und Händen. Wenn Ryōkan beobachtet, fühlt er wie sie. Wenn ein Mädchen den Ball fallen läßt, übernimmt Ryōkan ihn mit der selben rhythmischen Bewegung des Körpers. Vermutlich wird er den Ball nicht mit der gleichen Geschicklichkeit gespielt haben wie sie und ihn nach wenigen Versuchen wieder fallengelassen haben, sehr zum Vergnügen der fröhlichen Gesellschaft. Doch sicherlich wird dieser gereifte Mann mit seiner tiefen Weltkenntnis darüber mehr gelacht haben als alle anderen. Bei Sengai war das nicht anders. Er wußte um die Bedeutung von Ryōkans Lachen.

Kierkegaard erzählt von einem interessanten Traum aus seiner Jugendzeit.

»Mir passierte etwas ganz Sonderbares. Ich wurde in den Siebten Himmel versetzt, wo alle Götter versammelt saßen. Als besondere Gnade gestattete man mir, einen Wunsch zu äußern. ›Willst du‹, sprach Merkur, ›willst du Jugend oder Schönheit, Macht oder ein langes Leben, vielleicht die schönste aller Frauen oder irgendetwas anderes von all den herrlichen Dingen, die wie hier in dieser Schatztruhe haben? Wähle, aber entscheide dich nur für eine Sache.‹ Einen Augenblick zögerte ich, dann wandte ich mich an die Götterversammlung: ›Hochverehrte Zeitgenossen, ich habe entschieden, daß ich immer das Lachen auf meiner Seite haben möchte.‹ Keiner der Götter sagte etwas, doch alle brachen in ein großes Gelächter aus. Daraus schloß ich, daß mir mein Wunsch gewährt war und ich fand, daß die Götter wußten, wie man sich mit Geschmack verständlich macht; sicherlich wäre es unangemessen gewesen, mir ernsthaft zu antworten: ›Es sei dir gewährt.‹«

Es geht hier nicht um Kierkegaards Interpretation, sondern um etwas, das in der Subjektivität der Götter bei ihrem Gelächter zum Vorschein kam. Findet sich davon, wie unbewußt auch immer, nicht auch etwas in Sengais Bewegung des Pinsels?

4

Sengai bekleidete das Amt des Abtes im ältesten Zen-Tempel Japans, der von Eisai (1141–1215) (Abb. 27) im Jahre 1191 nach einer sechsjährigen Chinareise errichtet worden war. In dieser Zeit wird ihn die Verwaltung des Tempels sehr in Anspruch genommen haben. Erst nachdem er sich mit 61 Jahren zurückgezogen hatte, konnte er die ihm verbleibenden Jahre frei von weltlichen Verpflichtungen verbringen. Jetzt erst begann er mit der vollen Entfaltung seiner künstlerischen Tätigkeiten. Er hat vielleicht keine professionelle Ausbildung in der Technik der Tuschmalerei erfahren, doch verfügte er über eine kraftvolle Begabung als Beobachter des Lebens und der menschlichen Natur; die Bildideen seiner Werke bezeugen das. Seine Zeichnungen sprühen vor Witz, doch verbirgt sich dahinter nicht die geringste negative Absicht; sie sind nicht ironisch oder sarkastisch gemeint, sondern sprechen von einem mitfühlenden Herzen und dem Wohlwollen für alle lebenden Wesen.

In seinem Vorwort schreibt Sir Herbert Read: »Man möchte ihn einen transzendenten Humoristen nennen«, was ich für sehr zutreffend halte. Sengais Transzendenz und seine witzige Verspieltheit wurzeln beide in seinem Zen. Wer die tiefste Wirklichkeit geschaut hat und die Welt unter dieser Prämisse betrachtet, erlebt ein Gefühl des Abstands gegenüber den Dingen um sich her – Abstand deswegen, weil man sie als dem Fluß der Zeit unterworfen erfährt. Wird diese Betrachtungsweise auf das Innere der Dinge angewandt, entsteht der Eindruck von Myō, oder Verwunderung. Myō (chines.: Miao) kann nur sehr schwer übersetzt werden; es hat einen Aspekt des Spielerischen, der über bloßes Amüsement hinausgeht. Es wird begleitet von einem freudigen Gefühl von Magie und Mysterium.

Ich glaube nicht, daß Theologen wirklich lachen können. Sie sind zu ernsthaft damit beschäftigt, sich mit den Angelegenheiten Gottes zu identifizieren, so daß kein Platz mehr bleibt für das Spielerische. Verspieltheit entsteht in der Leere des Nichts, sie wächst nicht, wo schon etwas sich befindet. Zen entspringt dem absoluten Nichts und weiß zu spielen. Die chinesischen Sung-Meister wie Secchō, Engo und Daie (Tai-hui) spielten in der dem chinesischen Genius charakteristischen Weise mit Worten, in Japan taten das Sengai und andere mit Pinsel und Papier. In fröhlicher Gleichgültigkeit zauberte der Bambuspinsel mit dem Büschel Schafwolle an der Spitze die in die »schlichte Magie des Lebens« versenkten Figuren Kanzans (Han-shan) und Jittokus (Shih-tê) (Abb. 30, 39) ebenso hervor wie die unter den Kirschblüten singenden, tanzenden und trinkenden Weltmenschen (Abb. 77, 83). Der Unterschied zwischen den beiden Gruppen besteht darin, daß Kanzans und Jittokus Lachen echt ist, während das der Spaßmacher unecht, gezwungen und oberflächlich wirkt, weil sie nicht in der Lage sind, bis zur Quelle des Seins vorzudringen.

Zu lachen ist nur den Menschen vorbehalten. Tiere lachen selten, Engel nie. Der Teufel lacht, aber er ist ein Spötter und Meister der Verstellung und Täuschung. Von den Menschen jedoch haben nur die ein echtes Lachen, die ihr Zelt im Reich des Nichts aufgeschlagen haben. Meister Eckhart behauptet in seinen Predigten: »Gott spielt und lacht in den guten Werken«. Doch was ist hier mit »guten Werken« gemeint, was bedeutet für Eckhart »gut«? Viele verstehen den Ausdruck in moralischem Sinn und erklären, was Gott von uns erwarte, das sei moralisch gutes Verhalten – gutes in Gegensatz zum bösen. Meine Interpretation unterscheidet sich davon. »Gut« ist hier alles, was aus dem reinen Geist der »Abgeschiedenheit« entspringt, welcher leer ist, und in dem mein Sein mit Gottes Sein identisch ist. Wo ein Etwas unter anderen Etwas zurückbleibt, kann kein echtes Lachen entstehen. Das Gute lebt nur dort, wo die »schlichte Magie des Lebens« aktiv verwirklicht und innerlich gefühlt wird. Eckhart erklärt: »Gott ist frei, seinen Willen nach seiner Weise geschehen zu lassen, wenn mein Herz interesselos weder an diesem noch an jenem hängt« – mit anderen Worten: zur »formlosen Wesenheit« wird. Das Lachen entsteht im Wesen des reinen Nichts, wie Sengai in den Bildern von Hotei (Abb. 12, 14, 113, 118) zu zeigen versucht.

Ich möchte eine erhellende Passage aus einer Unterhaltung Eckharts mit einem Bettler über das »Gute« wiedergeben.

Eckhart grüßte den Armen: »Gott schenke dir einen guten Morgen, Bruder!«

»Euch das gleiche, Herr, aber ich habe noch nie einen schlechten gehabt.«

»Wie das, Bruder?«

»Weil ich alles, was Gott mir Gott geschickt hat, um seinetwillen gern ertragen habe, da ich mich selbst Seiner nicht für würdig halte. Deshalb bin ich auch nie traurig oder besorgt gewesen.«

»Wo hast du Gott zum ersten Mal gefunden?«

»Als ich alle Kreaturen verließ, fand ich Gott.«

»Wo hast du ihn denn gelassen, Bruder?«

»In jedem klaren und reinen Herzen.«

Das Gute in Eckharts »gutem Morgen« ist kein gewöhnliches »Gutes«. Es ist das Gute, welches Gott meinte, als er nach der Schöpfung sein Werk betrachtete und fand, daß »es so gut war«. Hier hat »gut« nichts mit Moral zu tun, es ist eine Art von ästhetischem Guten, das wir erahnen mögen, wenn wir »das reine Quellwasser mitten durch das Schilf des Guten und Bösen«

fließen sehen (Nr. 54). Es ist auch das Gefühl eines Mannes des Nichts, wenn er alle Kreaturen verlassen hat. Der »gute Morgen« Eckharts und des Bettlers, der mit seinem »klaren und reinen Herzen« an nichts Geschaffenem hängt, ist derjenige, auf den im konfuzianischen BUCH DES BÖSEN Bezug genommen wird: »Laß jeden Tag neu geschaffen sein, laß ihn für immer neu geschaffen sein«, im Sinne immerwährender Schöpfung.

Zu diesem ewigen Guten muß Sengai eine innerliche Beziehung gehabt haben, wie die sogenannte »Verspieltheit« seiner Bilder bezeugt. Sengai schreibt irgendwo, daß seine Bilder keinen konventionellen Regeln folgen, daß sie ihre eigenen Gesetze haben, die in Wirklichkeit Nicht-Gesetze sind, so wie Buddha behauptet, sein Dharma sei eigentlich Nicht-Dharma. Das Nicht-Dharma entspricht dem Guten Eckharts, der Subjektivität Gottes, über die der biblische Chronist schreiben konnte: »Gott sah alles, was er geschaffen hatte, und siehe, es war sehr gut« (Genesis, I, 31).

5

Es folgen nun drei Geschichten von Zen-Meistern, die – jeder auf seine Weise – in einem Lachen plötzlich das Gute der Wirklichkeit erkannten. Sie sollen uns helfen, das versteckte oder offene Lachen in Sengais Tuschzeichnungen besser zu verstehen.

Kingyū (Chin-niu), ein Schüler von Baso (Matsu, gest. 788), pflegte zur Essenszeit einen Behälter mit gekochtem Reis vor dem Quartier der Mönche abzustellen und zu rufen: »Essen ist fertig, ihr Bodhisattvas«, woraufhin er sich jedesmal schüttelte vor Lachen. Diese Angewohnheit soll er zwanzig Jahre lang beibehalten haben. Sinngemäß kommentiert Engo hierzu:

»Was beabsichtigt er damit? Wenn er die Essenszeit ankündigen will, gibt es hierfür die Trommel und die Tafel, mit denen die Ankündigungen regelmäßig gemacht werden. Was ist Kingyūs Motiv, einen Reistopf mitzubringen und so ein Theater vor dem Quartier der Mönche aufzuführen? Ist er verrückt geworden? Wenn er eine Unterweisung geben will, sollte er das wohlvorbereitet in der Dharma-Halle von seinem Podest herab tun. Das ungewöhnliche Benehmen des Meisters scheint keinen Sinn zu machen.« Und er fährt fort: »Offenbar hat Kingyū etwas im Sinn, das sich der Sprache verweigert, das er aber doch der gesamten Bruderschaft mitteilen möchte. Dem widmet er sein gesamtes Leben, er will seinen Gefährten vermitteln, was er selber persönlich erfahren hat, damit auch sie teilhaben können an dem, was ihm im tiefsten Innern soviel Freude bereitet.« Secchōs Kommentargedicht lautet:

Verhüllt von Schwaden weißer Wolken
Hören wir schallendes Gelächter.
Etwas wird uns von seinen beiden Händen übergeben:
Wäre einer (allwissend) wie ein Löwe mit goldenem Fell,
Selbst aus tausend Meilen Entfernung
Würde er entdecken, welche Beziehungen hier einbegriffen sind.

Engo fragt sich: »Welches ist die Botschaft Kingyūs, die den Bodhisattva-Mönchen übergeben wird? Wenn das, was er in seinen Händen hält, nicht nur ein Topf mit Reis ist, was ist es dann? Es muß etwas sein, das sich dem Bereich der Sprache entzieht. Was könnte es sein? Wenn ein Mann so alt und weise wäre wie ein Löwe mit goldenem Fell, wüßte er sofort, was es ist, selbst wenn es nicht so offen mit einem Lachen hervorgehoben würde.«

Im folgenden MONDO (wörtl.: »Frage und Antwort«) wird zwischen den beiden Wissenden öfters gelacht. Kyōzan (Yang-shan, 840–916) fragte einmal Sanshō (San-shêng), den Schüler Rinzais (Lin-chi): »Wie heißt du?«

»Ejaku (Hui-chi)«, erwiderte Sanshō.

»Aber das ist doch mein Name«, sagte Kyōzan.

»Ja, Enen ist meiner«, stimmte Sanshō zu, und Kyōzan begann zu lachen.

Kyōzan und Sanshō verstanden Zen sehr genau und kannten sich als Freunde. Kyōzans erste Frage war intellektuell, spielerisch gemeint, vielleicht, um mit Sanshō zu spaßen. Sanshō wußte sofort, was er beabsichtigte, und gab »Ejaku« statt seines eigenen Namens »Enen« zur Antwort. Kyōzan wiederum verstand Sanshō sofort und sagte ganz einfach und unschuldig: »Das ist doch mein Name!« Ohne Erklärung antwortete Sanshō sofort mit seinem Namen »Enen«. Beide trugen einen Wettkampf aus auf dem Feld transzendenter Realität. Natürlich mußte Kyōzan lachen. Engo kommentiert hierzu: »Sein Lachen ist wie eine kühle, erfrischende Brise an der Quelle aller Dinge.« Secchō hingegen stellt fest:

Wohin ist das verklungene Lachen entschwunden?
Mit den Jahren weckt es wohl nur noch traurige Mienen.

Secchō äußert sich hier reichlich pessimistisch, weil er wohl nicht daran glaubt, daß die Nachwelt noch verstehen kann, was in den beiden Meistern vorgegangen ist. Oder kommt die Trauer etwa vom Neid auf ihr Glück?

Das dritte Beispiel erzählt von Yakusan (Yao-shan, 751–834), einem Schüler Sekitos (Shih-t'ou). Eines Abends stieg er zum Vergnügen auf einen Berg, als plötzlich die Wolken sich teilten und einen klaren, hellen Mond enthüllten. Darauf brach er in ein so lautes Lachen aus, daß es die Leute noch im Umkreis von 90 LI östlich von Li-yang hören konnten. Erinnerte die Begebenheit den Meister an das Erlebnis seiner Erleuchtung, die ihn so unerwartet in das Reich des Unendlichen versetzte? Dann muß das Lachen aus der grundlosen Tiefe der Wirklichkeit selbst hervorgestiegen sein. Wer das Ohr dafür hat, wird den Meister noch heute lachen hören.

6

Soweit ich sehe ist Zen die einzige Religion oder Lehre, die Platz hat für das Lachen. Normalerweise würde jemand, der erklärt, das Göttliche auch im Lachen preisen zu können, für einen Gotteslästerer oder Verrückten gehalten werden. Der Zen freilich hat hierüber seine eigene Theorie, und die zuletzt genannten historischen Beispiele sind ganz erfüllt vom Geist des Zen. Die Analyse des Lachens des großen neuzeitlichen Philosophen Bergson ist sehr erhellend in diesem Zusammenhang.

Laut Bergson tritt das Komische, soweit ich ihn verstehe, im wesentlichen immer dann ein, wenn moralische oder intellektuelle Beschränkungen des Bewußtseins unerwartet und absichtslos plötzlich beseitigt werden und dem Inhalt der Beschränkung widersprochen wird. Einschränkende Regeln jeder Art werden gewohnheitsmäßig eingeübt, erzeugen Starrheit und unbewegliche Automatismen. Sobald diese künstliche Mechanisierung hintergangen wird von »einer tiefsitzenden Ursache, einer bestimmten fundamentalen Geistesabwesenheit, als ob die Seele sich selber gestattet hätte, sich von der Stofflichkeit einer einfachen Handlung hypnotisieren zu lassen«, entsteht das Komische. Wenn also beispielsweise die Kunst von der Natur besiegt wird, eine begrenzte und endliche Geschicklichkeit von etwas Unendlichem, und zwar jenseits der Kalkulationsfähigkeit des menschlichen Verstehens, so werden wir vom Lachen heimgesucht.

Bergson schreibt hierüber:

»Könnte die Realität in direkten Kontakt zu den Sinnen und dem Bewußtsein treten, könnten wir eine unmittelbare Vereinigung mit den Dingen und uns selber eingehen, so wäre die Kunst vermutlich überflüssig, beziehungsweise wir alle wären Künstler, da unsre Seelen unablässig in perfekter Übereinstimmung mit der Natur schwingen würden.«

Der Autor scheint zu implizieren, daß wir unmöglich in direkten Kontakt zur Wirklichkeit treten und die Seele niemals in vollständige Übereinstimmung mit der Natur gelangen könnten. Er untersucht die Gründe unseres Scheiterns und fährt fort:

»Wir haben zu leben, und das Leben verlangt, daß wir die Dinge in Beziehung zu unseren eigenen Bedürfnissen begreifen. Leben ist Tat. Leben verlangt die Wahrnehmung der ausschließlich UTILITÄREN Seite der Dinge, um auf sie mit entsprechenden Verhaltensweisen reagieren zu können: Alle anderen Eindrücke müssen gedämpft werden oder erreichen uns nur vage und verwischt... Daher vermitteln mir meine Sinne und mein Bewußtsein nichts weiter als eine praktische Vereinfachung der Realität.«

Ich aber möchte fragen: Kennt er die eigentliche Wirklichkeit hinter der »praktischen Vereinfachung der Realität«? Falls nicht, wie kann er dann wissen, daß das, was wir sehen und hören, nichts weiter darstellt als Vereinfachung, Verallgemeinerung oder Selektion? Nach Ansicht des Autors wird unsere Situation noch durch die Erfindung der Sprache verschlimmert:

»Mit einem Wort, wir sehen nicht die wirklichen Dinge selbst; in den meisten Fällen beschränken wir uns darauf, die ihnen angehefteten Namensschilder zu lesen. Diese Tendenz,

Ergebnis der Not, hat sich unter dem Einfluß der Sprache noch verstärkt; denn alle Wörter – mit Ausnahme der Eigennamen – bezeichnen Allgemeinbegriffe.«

Bergson schreibt so, als sei er völlig vertraut mit dem »wirklichen Leben«; anders könnten diese Passagen überhaupt nicht verstanden werden. Von Enō (Hui-nêng), dem sechsten Zen-Patriarchen in China, wird erzählt, er habe eines Tages von einem seiner hartnäckigsten Schüler verlangt: »Zeige mir dein ursprüngliches Gesicht, das du hattest, noch bevor deine Eltern dich geboren hatten!« Diesem »ursprünglichen Gesicht« entspricht das »wirkliche Leben« nicht nur Bergsons als Person, sondern auch als Berichterstatter, der stets über die Schöpfungsgeschichte schreibt, wie sie in der Bibel aufgezeichnet steht. Kierkegaard deklariert: »Wahrheit ist Subjektivität«, eine kühne Behauptung, die in Einklang steht mit der buddhistischen Aussage: »Die dreifache Welt ist mein Geist.« Dänische Subjektivität und buddhistischer Geist bilden die gleiche Wirklichkeit, dasselbe ursprüngliche Leben, das wir alle sowohl allgemein als auch individuell in uns tragen. Dem entspricht auch das »Ich« Buddhas in der Zeile »Die Himmel oben, die Erde unten, ich allein bin der Meistgeehrte« sowie Gottes »Ich bin, der ich bin.« Wenn dieses Ursprüngliche Ich aus den dunklen Wolken von Sprache und Logik heraustritt, wird niemand anders können als zu lachen. Das Ich steht im Angesicht der Unendlichkeit – nein, es ist sie selbst, da Gottes Sein mein Sein ist, wie Meister Eckhart formuliert. Der Zen-Meister birgt dieses Ich in der Tiefe seines Herzens; nach außen gelangt es über die Verschlüsselung seiner Rätselsprache. »Möge der es verstehen, der Ohren hat zu hören.« Das Lachen trägt nicht nur über die neunzig Li des Li-yang hinweg, es weitet sich bis zu den Grenzen der himmlischen Galaxien.

Sengais Hotei lacht dieses Lachen, sein Kanzan, sein Jittoku. Es fegt durch den Kosmos wie ein erfrischender Wind, der von dem Gelächter Kyōzans ausgeht. Hier kommt auch Kierkegaards »paradoxe Leidenschaft für die Vernunft« zur Ruhe, die erregt wird im Angesicht des Unbekannten – denn das Unbekannte erkennen wir jetzt, wie es über dem Reistopf Kingyūs tanzt.

Hier ist wohl der Ort anzumerken, daß Bergsons »Geistesabwesenheit« in Beziehung steht zu buddhistischen Begriffen wie Nicht-Ich-heit (Muga, Anātaman), Nicht-Denken (Munen) oder Nicht-Verstand (Mushin, Acitta), Alltags-Denken (Heijō-shin), So-wie-es-ist-heit (Jinen-hōni) oder Gerade-so-heit (Shimo) – im Gegensatz zu künstlich und bewußt konstruierten Selbstkontrollen oder Restriktionen.

7

Abschließend möchte ich noch zwei Episoden zum Gefühl der Freude berichten, das die Meister empfinden, wenn sie, jeder natürlich auf seine Weise, in den direkten Kontakt zur Wirklichkeit eintreten. Die Äußerungen über das Glück der in ihnen selbst gefundenen Realität sind für uns sehr aufschlußreich. In den Beispielen wird keinerlei Gelächter ausdrücklich verzeichnet, doch der Leser wird es selber spüren – was noch viel interessanter ist. Die Meister folgen keiner einheitlichen Methode (UPĀYA), um ihre Schüler zum Verständnis der Dinge zu führen, die jenseits der intellektuellen Relativierung liegen. Sie lebten unter anderen als den heutigen Umständen, daher ist es auch natürlich, daß ihre pädagogischen Methoden sich von den heute gebräuchlichen unterscheiden. Das Grundprinzip ändert sich nicht, nur dessen Anwendung unterliegt der Umgestaltung. Die von Sengai, der in der Tokugawa-Epoche des 18. Jahrhunderts lebte, seinem Charakter entsprechend entwickelte Ausdrucksmethode können wir den auf den kommenden Seiten sich vorstellenden Abbildungen ablesen.

Kwasan (Ho-shan, 891–960) pflegte folgende Unterweisung, in Wahrheit ein Zitat aus dem BUCH DES SENG CHAO, zu geben: »Uns im Lernen zu disziplinieren nennt man ›hören‹; den Punkt zu erreichen, wo jedes Lernen vergeblich wird, nennt man ›annähern‹. Geht jemand über diese beiden Stadien hinaus, sagt man, er habe wirklich transzendiert.«

Einmal kam ein Mönch und fragte: »Was ist denn das wahre Transzendieren?«

Wortlos machte Kwasan eine Bewegung, als ob er eine Trommel schlüge, und brummte: »Dong, dong, doko-dong, doko-dong!«

Bei anderer Gelegenheit fragte ein Mönch: »Was ist das wahre Selbst?«, und Kwasan antwortete ihm mit der gleichen Vorführung.

Als wieder mal ein Mönch sich erkundigte: »Mich interessiert nicht die Frage ›Was ist der Geist, der Buddha ist‹, sondern ich möchte wissen, was man mit ›Weder Geist noch Buddha‹ meint«, war Kwasans Antwort wiederum das bekannte »Dong, dong, doko-dong, doko-dong.«

Dann wieder fragte ein Mönch: »Wie würdet Ihr einen Mann mit dem Über-Wissen behandeln?« Auch er wurde so abgespeist, als ob der Meister zu keiner anderen Antwort fähig war. Engo gibt hierzu den folgenden Kommentar: »Eine Eisenkugel. Eine eiserne Fußangel. Sehr überzeugend vorgeführt. Aber wohin führt uns all das? Am Morgen steht er (d. h. der Mann des Über-Wissens) unter dem westlichen Himmel und am Abend ist er zurück im Land des Ostens.«

Hier möchte man sich wirklich fragen, welcher Zusammenhang zwischen diesen Äußerungen und dem Trommeln des Kwasan besteht. Gibt es irgendetwas Gutes hier, etwas, das irgendeinen der Beteiligten zum Lachen reizen könnte? In Wirklichkeit ist es nicht Kwasan, der die Trommel schlägt und lacht, sondern »die Wahrheit selbst« – derjenige, »der weder Geist noch Buddha ist«, der wirklich transzendiert hat, trommelt und lacht. Ist es nicht schön zu sehen, daß all diese Wesenheiten, so unterschiedlich sie auch sein mögen, an dem einen, wundervollen Schauspiel beteiligt sind?

Fuke (P'u-hua) war ein Zeitgenosse Rinzais (Linchi, gest. 866) und half ihm, seine einzigartige Methode der Zen-Unterweisung bekannt zu machen. Er war ein Schüler Banzan Hoshakus (P'an-shan Pao-chi) und führte sich häufig wie ein Verrückter auf, doch sein Verstehen war auf dem richtigen Weg. In Japan hält man ihn für den Verbreiter des Komusō-Kults der »Mönche (oder Jünger) der Leere«. Zur Zeit des Feudalismus zogen sie in besonderen Gewändern umher und bliesen die SHAKUHACHI-Flöte (»Fuß und Acht«).

Als Rinzai in den Bezirk von Hopei kam und sich in einem bescheidenen Tempel am Hoti-Fluß niederließ, lebte Fuke bereits in der Stadt und schloß sich ihm an. Er benahm sich immer auffallend exzentrisch, und die Leute waren nicht sicher, ob er bei gesundem Verstand war oder nicht. Er pflegte durch die Stadt zu gehen und zu rufen:

Ming t'ou lai,
Ming t'ou ta;
An t'ou lai,
An t'ou ta;
Ssu fang pao mien lai,
Hsuan feng ta;
Hu kung lai,
Lien chia ta.

Die traditionelle, esoterische Interpretation dieses Liedchens besagt: Wer auf der Ebene der Relativität steht, mit dem wird auf derselben Ebene verfahren. Wer auf der Ebene des Absoluten steht, dem wird man ebenso begegnen. Wer einhergeht ohne Rücksicht auf eine der beiden Ebenen, der wird in einen Wirbelsturm geraten, und wer aus der Leere kommt, wird mit einem Dreschflegel verprügelt.

Rinzai erfuhr von Fukes Verhalten und schickt einen seiner Schüler zu ihm mit der Anweisung: »Sobald er sein Lied beendet, packst du ihn an der Brust und fragst ihn: ›Was machst du mit dem, der aus keiner der genannten Richtungen kommt?‹ «

Als der Schüler tat, wie ihm befohlen, befreite sich Fuke aus dem Griff und sagte: »Morgen gibt es ein großes Fest im Daihi-in-Tempel.« Als der Schüler zurückkehrte und Rinzai alles erzählte, stimmte der von Herzen zu und nickte: »Ich war etwas im Zweifel, was sein Verstehen angeht, aber jetzt sehe ich genau, wo er steht.«

Fuke war berauscht von Bergsons »ursprünglichem Leben«, wie es Spinoza von seinem Gott war. Er lachte nicht nach außen, aber ich fühle, daß er innerlich lächelte. Ich werde wieder an Sengais Hotei (Abb. 113) erinnert, der ja in Wirklichkeit ein Abbild Sengais von sich selbst ist.

8

Sengai wurde als dritter Sohn eines Bauern in der Provinz Moni in Zentraljapan geboren. Als er elf Jahre alt war – dem traditionellen üblichen Eintrittsalter in das Kloster –, wurde ihm das Haupt geschoren und das Mönchgewand verliehen.

Mit neunzehn Jahren gestattete ihm sein Lehrer, auf Angya zu gehen, die Pilgerreise von einem Meister zum anderen. Wenn der Schüler glaubt, einen Lehrer gefunden zu haben, der ihn weiterbringen kann, beschließt er, einige Jahre bei ihm zu verbringen. Oft mag er sich auch schon vor Beginn der Reise für einen bestimmten Meister entschieden haben. Sengai hatte sich für einen der größten damaligen Lehrer entschieden, der in Nagata in der Nähe des heutigen Yokohama residierte. Sein Name war Gessen Zenji.

Sengais Verständnis des Zen erwachte, als er die Bedeutung einer Geschichte begriff, die zuerst von einem chinesischen Meister der T'ang-Periode namens Kyōgen (Hsiang-yen) erzählt wurde; sie ist bekannt als Kyōgens »Mann auf dem Baum«.

»Ein Mann hängt mit seinen Zähnen am Ast eines Baumes. Da kommt ein Mönch vorbei und fragt ihn nach dem Großen Prinzip des Buddhismus. Wenn der Mann die Frage nicht beantwortet, ist er kein frommer Anhänger des Buddhismus, wenn er aber seinen Mund aufmacht, wird er mit Sicherheit herunterfallen. Was ist deine Lösung in dieser kritischen Lage? Schnell, antworte!«

Sengai blieb bei Gessen dreizehn Jahre lang, bis zum Tod des Meisters, dann machte er sich auf seine zweite Angya. Er soll dabei den gesamten zentralen und nördlichen Teil Japans bereist und zahlreiche Klöster besucht haben. Eine Weile lang ließ er sich in seiner Heimatprovinz Mino nieder, doch gefielen ihm dort die politischen Verhältnisse nicht, und er brach erneut auf.

Er folgte einer Einladung nach Hakata auf Kyūshū, wo ein älterer Freund und Mönch, der mit ihm bei Gessen Zenji studiert hatte, seinen Tempel hatte. So ließ sich Sengai im Shōfukuji nieder, wo er mit vierzig Jahren zum Abt bestellt wurde.

Der Shōfukuji ist als die erste Zen-Schule auf japanischem Boden bekannt; er war im Jahre 1195 gegründet worden, und Sengai wurde sein 123. Abt, worauf er zu Recht sehr stolz war.

1811, also mit 61 Jahren, zog er sich von den Aufgaben des Klostervorstehers zurück und verbrachte die restlichen 27 Jahre ohne äußerliche Verpflichtungen. Vor allem in dieser Zeit entfaltete er seine künstlerischen Talente in der witzigen und humorvollen Auslegung seines Verständnisses vom Zen. Mit 88 Jahren endete sein erfülltes Leben.

Viele Legenden ranken sich um ihn. Es gibt eine köstliche Geschichte, wie er einmal einem jungen Mönch seines Klosters aus der Verlegenheit half. Sengai hatte entdeckt, daß ein junger Mönch nachts das Klostergelände heimlich verließ, um erst im Morgengrauen zurückzukehren. Wieder einmal wollte er sich gegen Morgen über die Klostermauer hereinschleichen. Er ließ sich herunter, und sein Fuß tastete nach dem Stein, der ihm sonst als Kletterhilfe diente. Dieses Mal jedoch fühlte sich der Stein ganz weich und warm an, und der Novize erkannte die Gestalt seines Meisters Sengai, der tief auf der Erde hockte, um dem Fuß seines Schülers sicheren Halt zu bieten. Der Mönch war außer sich vor Scham, doch Sengai riet ihm, auf sein Lager zu gehen und kein Wort mehr über die Angelegenheit zu verlieren.

»Sengai«, bisweilen zu »Gai« verkürzt, ist die Azana, unter der er am besten bekannt ist. Sein Vornahme (Imina), war Gibon, doch wenn ihm danach war, zeichnete er seine Kalligraphien auch mit Hyakūdo (Einhundert-Hütte), Kyohaku (Leer-weiß), Muhōsai (Keine Regeln studieren), Amaka Oshō (A-ma-hā-Priester) oder ähnlichem.

TUSCHZEICHNUNGEN UND KALLIGRAPHIEN

aus Sengais Zeit in den Tempeln

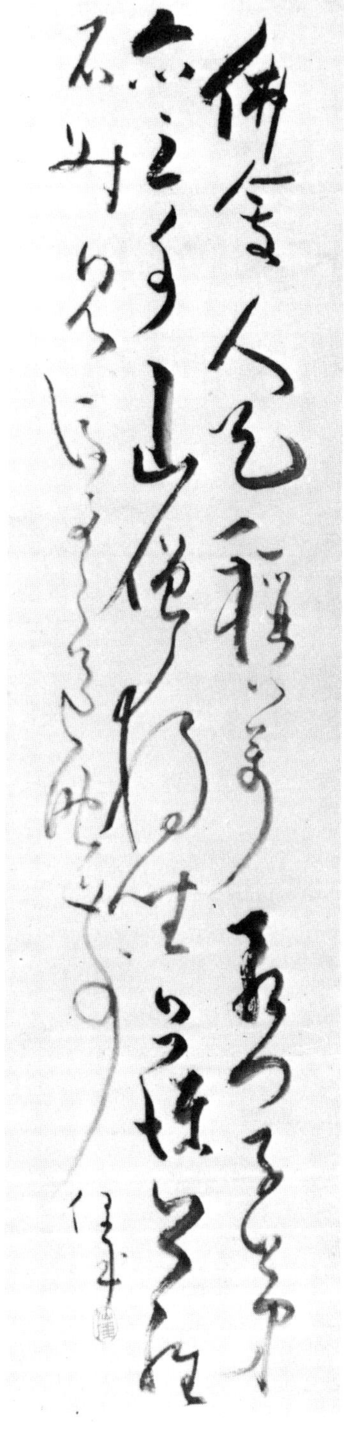

佛會人天稱八萬　孔門子弟亦三千
山僧獨坐藤蘿石　時見浮雲過眼前
偶成

I. Sengais Gedicht über sich selbst

Buddhas Gemeinde, sagt man, zählte achtzigtausend;
Konfuzius hatte ebenfalls Schüler, mindestens dreitausend.
Wie glücklich, daß dieser faule Mönch sich verlassen
findet von seinen Mit-Mönchen!
In Gesellschaft nur einer weißen Wolke schläft er
seinen langen Schlaf auf dem Felsen.

Buddha und Konfuzius waren beide große Lehrer der Menschheit, und wir sind ihnen dankbar für ihre Liebe und Weisheit. Aber wie sehr mußten sie beschäftigt gewesen sein, umgeben von so vielen Schülern, die sich alle um sie drängten. Die Inder sind große Mathematiker, und die Chinesen stehen nicht weit nach. Dreitausend und achtzigtausend sind keinesfalls kleine Zahlen. Ich aber verbringe meine Zeit meistens untätig auf dem Felsen schlafend, von weißen Wolken umgeben. Ich habe keine Anhänger, da sie mich verlassen haben: wie glücklich bin ich!

So beschreibt Sengai subjektiv sein eigenes Leben. Er war ein aus dem Amt zurückgetretener Abt, aber seine Freunde setzten sich aus allen Stufen des sozialen Lebens zusammen – Vornehme und Niedrige. Arme und Kranke, Verschwender und Trinker, Künstler und Gelehrte, Männer und Frauen, Geistliche und Laien, Alte und Junge. Er war sehr in Anspruch genommen von zahllosen Bitten um Gedichte, Kalligraphien und Bilder. Das Wunderbare daran ist, daß diese Talente dazu verwendet wurden, um den Menschen weltliche Weisheit wie auch Moral zu lehren. Er wurde so oft von Leuten bedrängt, daß er eines Tages seinen Kopf aus dem Fenster streckte, um seine eigene Abwesenheit zu verkünden.

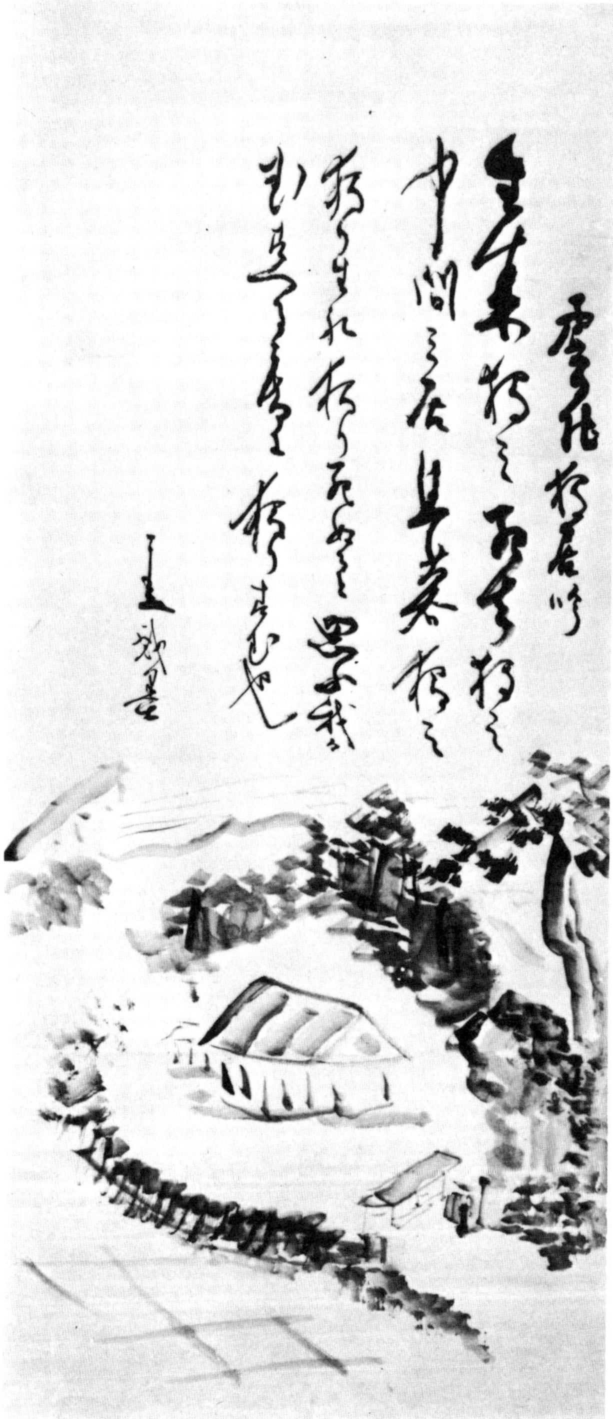

虚白院獨居吟

生来獨之　死去獨之
中間之居　旦暮獨之
獨り生れ獨り死ぬると思ふ我か
むすへる庵に獨りすむ也

匡戯墨

II. Lied auf ein einsames Leben im Kyohaku-in

Ich komme allein,
Ich sterbe allein;
Zwischen diesen Zeiten
Bin ich allein, Tag und Nacht.

Dieses Ich, das allein auf die Welt kommt und
Allein von dieser Welt geht, ist dasselbe Ich,
Das in dieser bescheidenen Hütte alleine lebt.

An anderer Stelle fügt Sengai hinzu:

Was ich alleine nenne,
Heißt, beides zu vergessen:
Allein und nicht-allein.
Und nochmals denjenigen zu vergessen, der vergißt:
Dies ist wirklich allein sein.

Sengais Lied vom Alleinsein entspricht Buddhas erstem Ausspruch, als er aus dem Leib seiner Mutter kam: »Die Himmel oben und die Erde unten, ich allein bin der Meistgelehrte!« Dies ist absolute Bestätigung, und jede Verneinung muß schließlich dahin führen. Zuvor wird kein Friede sein und keine Ruhe, nicht nur mit sich selbst, sondern auch mit der Welt. Die moderne Welt versucht, mit Verneinungen aller Art zu leben: daher diese ständig quälende Angst.

Wir dürfen nie vergessen, daß leere Nicht-heit nicht die letzte Realität ist, daß sie ihren positiven Aspekt »Ich bin« hat. Jedoch: Nur das »Ich bin« genügt noch nicht. Man muß sich seiner bewußt werden und das »Ich bin« wirklich sein. So sagt Eckhart: »Gottes Ist-heit ist meine Ist-heit.« Hier haben wir alle unsere letzte Heimat, welche die Nicht-Heimat des Vimalakīrtī ist.

孤笻山又水　興盡止奔馳
宁石苺苔古　春眠落日遲
　　癸未之春
吾戲筆硯　非書非画
錯落人情　爲書爲画
　　淨妙禪師東輝菴写意図
　　並其一偈應荒木正受請
　　洪厓拜

III. Der Blick auf Tōki-an

Eine Skizze aus dem Gedächtnis vom Tōki-an (gegründet von Zenmeister Jōmyō) und ein GĀTHA (Vers).

Auf Wunsch von Araki Shōju.

Ein einsamer Pilger, über Hügel und Ströme (wandernd)
Stützt sich müde auf seinen Stock.
Die steilen Klippen sind mit altem Moos bedeckt;
Der Frühlingstag ist lang und einschläfernd.
Frühling im Jahr des Schafes.

Mein Spiel mit Pinsel und Tusche
soll weder als Kalligraphie noch als Zeichnung angesehen werden.
Doch in den Händen von Menschen alltäglichen Sinnes
Wird es reine Kalligraphie und reine Malerei.

In Bescheidenheit,
Kōgai (Sengai)

遠明　　厓

IV. Weit und Hell

Ein schönes Beispiel für die Kalligraphie Sengais. Sie wurde wahrscheinlich jemandem aus dem Strom der unzähligen Besucher gegeben, die mit Zeichenpapier in der Hand, in Sengais Zimmer eindrangen, um eine seiner Kalligraphien oder Tuschzeichnungen zu erhalten. Scherzhaft bemerkt er in einem seiner Verse:

Die scheinen zu glauben
Mein Studio sei eine Art Klosett,
Jeder kommt
Mit einer Rolle Papier.

紙數を娘に斗り頼まする　厓

V. Das Mädchen mit Papier

Blätter von Papier,
Eine Tochter nur
Bettelnd.

Der Sinn ist nicht ganz klar. Die junge Tochter scheint jemandem, der Stellung nach, ehrerbietig Papierblätter vorzulegen. Es ist möglich, daß sie von ihren Eltern zu Sengai geschickt worden ist, um ihn um weitere Zeichnungen oder Kalligraphien zu bitten. Sie hatte dies wahrscheinlich bereits einige Male vorher getan und schämt sich deshalb, noch einmal zu kommen.

こりや甚太良
虚白院へ行て
書ものねたるまいそ
摂譽取光居士
嘉永七年寅三月十四日湛元記

一升二升三升
北舟米や　匡

VI. Der Reishändler

LINKS

»Sieh her, Jintarō! Du sollst nicht zum
Kyokuhaku-in gehen und
Den Meister wegen einer Kalligraphie belästigen.«

Es kann angenommen werden, daß der reiche Reichshänder Jintarō Sengai wegen seiner amüsanten Bilder oft belästigte und daß Sengai dieses Bild malte, um die Situation klarzustellen. Als Jintarō starb, wurde das Bild in den Tempel zum Hauptpriester Tangen gebracht, Sengais bestem Schüler und Nachfolger, damit er Jintarōs buddhistischen Namen und das Datum des Todes (oben rechts) hinzufüge. Das Bild wurde dann anstelle der üblichen Sterbetafel in den Altar gehängt. Die Inschrift Tangens lautet: Setsuyō Shukō Koji, am vierzehnten Tag des dritten Monats, im siebenten Jahr Kaei (1854).

RECHTS

Ein Behälter zum Messen von Reis und ein Roller

Ein SHŌ, zwei SHŌ, drei SHŌ,
Kitafune, der Reisladen.

Früher wurde in Japan ein viereckiger, hölzerner Kasten, der ein SHŌ oder 1,75 Liter faßte, benutzt, um Reis zu messen; mit einem hölzernen Roller strich man den überschüssigen Reis ab. Dies wurde auf Wunsch des Reishändlers Kitafune gemalt.

竹拾二枚陣瑚天鯛釣　　匡
陣瑚一合辱御坐候　匡

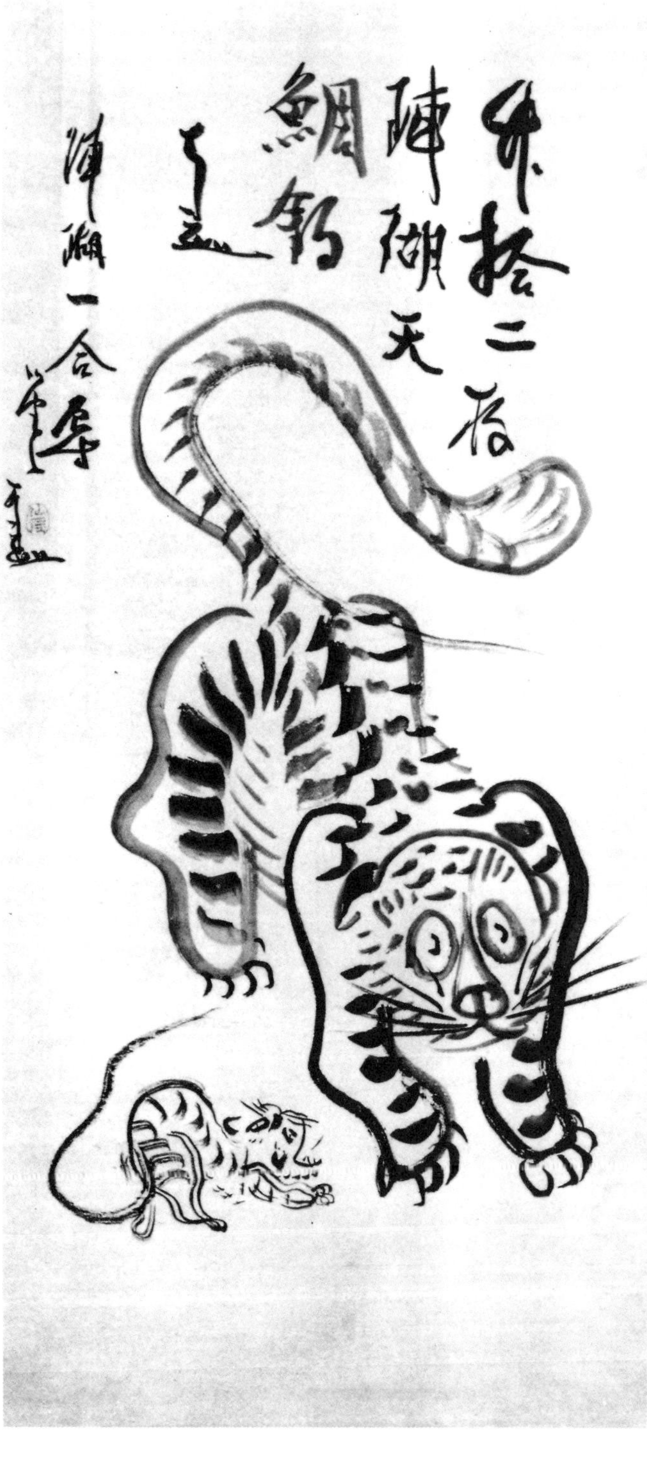

VII. Tiger und Katze

Zwölf Blätter Bambus[-Zeichnungen]
Das nenne ich eine [feine] Seebrasse
Mit einem [gewöhnlichen] Wasserfloh fischen.
GAI

(IN KLEINEREN BUCHSTABEN:)
Vielen Dank für den viertel Liter Reismehl.

Man sagt, es hätte eine alte Frau gegeben, die Sengais Malereien sehr bewunderte, aber nichts von Wert besessen hätte, um es dem hohen buddhistischen Würdenträger als Gegengabe für seine Zeichnungen anzubieten. Eines Tages kam sie zu Sengai mit der Bitte um zwölf Zeichnungen von Bambus und brachte als Entschädigung einen GŌ (etwa einen viertel Liter) Reismehl, in der Gegend JINKO genannt. Sengai bemerkt hier scherzhaft, es sei, als würde man einen Seebrassen (TAI), den am meisten geschätzten Fisch in Japan, mit dem ganz gewöhnlichen Köder eines Wasserflohs, der auch JINKO genannt wird, fischen.

Hier zieht sich der mächtige Tiger demütig zurück, da er von einer wild-entschlossenen Katze angegriffen wird. Beachten Sie den reichlich verlegenen Ausdruck des Tigers. Der Tiger wird in Japan traditionell mit Bambus assoziiert.

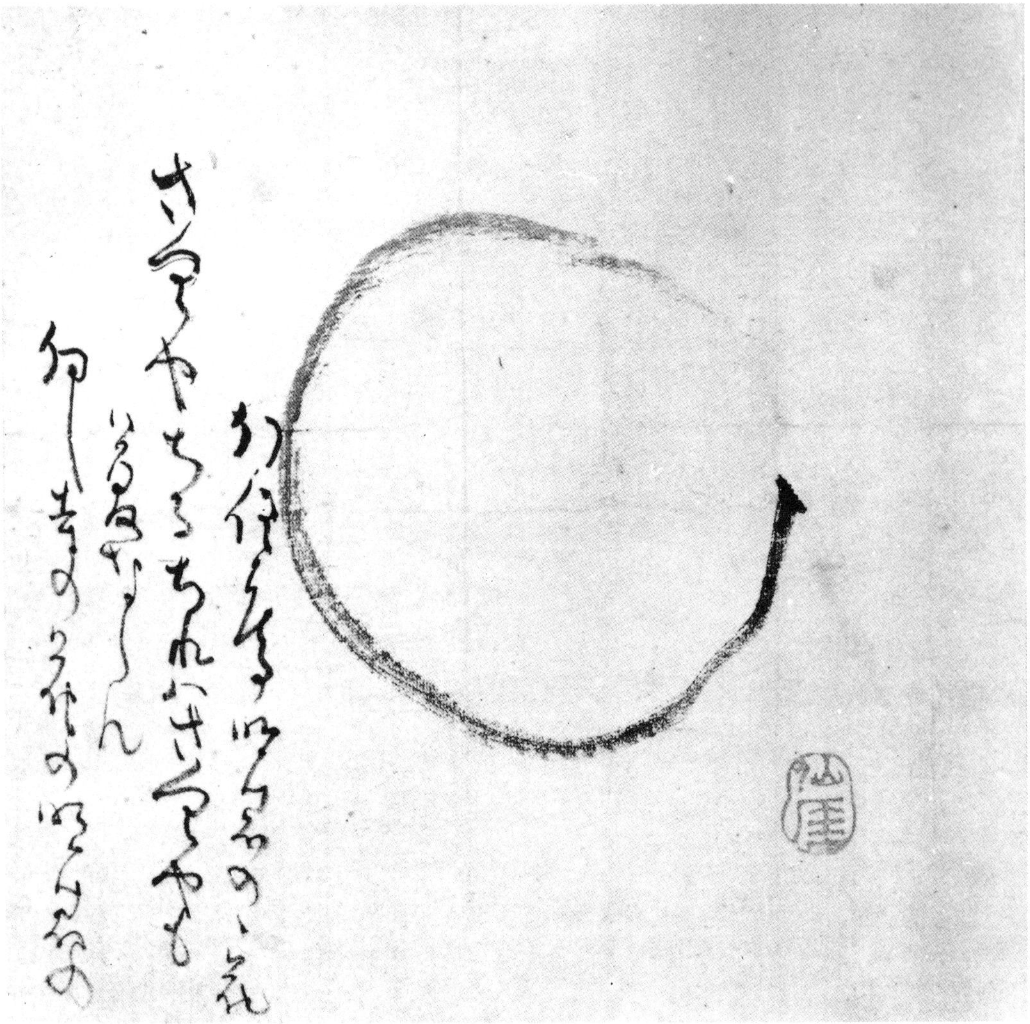

幻住庵明ほの丶花
さくやちるちれハさくやも夢ならん
幻し寺の花の明けほの

VIII. Kreis

Die Blüten in der Dämmerung an der Illusionen bergenden Hütte,
Blühen und verblühen,
Verblühen und blühen.
Alles ist nur ein Traum,
Diese Blumen im Zwielicht der Dämmerung
Beim Tempel der Illusionen.

Sengais Wohnsitz im Ruhestand hieß Kyohaku-in (Leeres weißes Haus), und Genjū-an, das Illusionen bergende Haus, lag gleich nebenan.

IX. Abschieds-Monument für den Pinsel

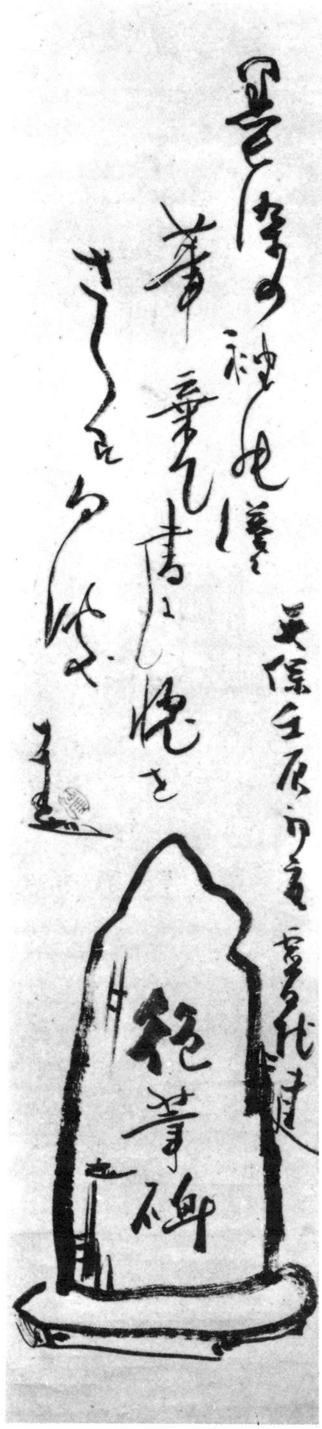

Errichtet im Kyohaku-in
Im Jahre des Drachen von Tempō (1832)

Der in der schwarzen Robe
legt seinen Pinsel nieder
Im Sode-no-Minto (Hafen der Ärmel),
Damit der Wind und die Wellen
Die Schmach all seiner Schriften auslöschen.

Sengai hatte ein Steinmonument mit diesen Worten vor seiner Hütte errichtet, aber er konnte mit seiner »wertlosen« Arbeit nicht aufhören, da niemand seine Worte ernst nahm.

墨染の袖の湊に筆棄て
書にし愧をさらす白波
天保壬辰初夏虚白院建
絶筆碑　　匡

TUSCHZEICHNUNGEN UND KALLIGRAPHIEN

○△□ 扶桑最初禅窟

1. Das Universum

Das Zeichen von Kreis-Dreieck-Viereck repräsentiert Sengais geistige Vorstellung vom Universum. Der Kreis stellt das Unendliche dar, und das Unendliche bildet die Grundlage alles Seienden. Das Unendliche in sich selbst jedoch ist formlos. Wir mit Sinnen und Intellekt ausgestatteten Menschen verlangen nach greifbaren Formen – daher das Dreieck. Das Dreieck ist der Beginn aller Formen. Aus ihm entsteht zuerst das Viereck. Ein Viereck ist ein verdoppeltes Dreieck. Dieser Verdopplungsprozeß setzt sich unendlich weit fort, und so gelangen wir zur Vielheit der Dinge, welche die chinesischen Philosophen ›die zehntausend Dinge‹ – das Universum – nennen.

Die Schwierigkeit mit uns sprachorientierten Wesen ist, daß wir die Sprache realistisch nehmen und vergessen, daß sie außerhalb der Zeit von keinerlei Bedeutung ist. In Wirklichkeit ist Sprache Zeit, und Zeit ist Sprache. So kommen wir zur Überzeugung, daß am Anfang der Welt ein Etwas steht, das real und konkret ist, etwas wie ein Universum von Galaxien, das, wenn auch formlos und nebenhaft, doch real und greifbar ist. Dies bildet den Ursprung des Kosmos, aus welchem schließlich unendliche Arten und Variationen von Dingen sich formen. Daher kommt es, daß man beginnt, Zeit selbst als etwas Konkretes und Reales zu denken. Ein Kreis wird zum Dreieck, dann zum Viereck und schließlich zu unendlich verschiedenartigen, stets wechselnden Formen. Auf die gleiche Weise hat sich die biblische Erzählung von der Schöpfung in der Vorstellung vieler Menschen in eine historische Wahrheit verwandelt. Zen hingegen stellt sich sehr gegen solche Konstruktionen.

Es gibt eine andere, traditionellere Auslegung dieser drei Figuren oder Formen. Sengai war mit Shingon, der Mantra-Sekte des Buddhismus, ebenso vertraut wie mit Zen. Er schätzte den Shingon, weil er die Identität der körperlichen Existenz (Rūpakāya) mit der letzten Realität (Dharmakāya) lehrte. Die körperliche Existenz wird hier durch ein Dreieck dargestellt, das den menschlichen Körper in seinen drei Aspekten des Körperlichen, des Oralen (oder Verstehens) und des Geistigen (oder Seelischen) symbolisiert. Das Viereck stellt die objektive Welt dar, die aus den vier großen Elementen (Mahābhūta) Erde, Wasser, Feuer und Luft zusammengesetzt ist. Das Dharmakāya, die letzte Realität, stellt hier der Kreis dar, die formlose Form. Wir neigen im allgemeinen zu einer dichotomen Ansicht vom Aufbau des Seins aus Form (Rūpakāya) und Formlosem (Arūpa), Objekt und Subjekt, Materie und Geist, die wir für einander widersprechend und sich gegenseitig ausschließend halten. Sowohl Shingon als auch Zen widersprechen jedoch dieser Ansicht und halten daran fest, daß Form zugleich gestaltlos und leer (Sūnya) ist, und die beiden Extreme identisch sind.

In der kleinen, in Dialogform geschriebenen Abhandlung Tengan Yaku (Medizin für den Blick), schätzt Sengai den Zen höher ein als den Shingon. Er sagt dort, daß Zen klarer, unmittelbarer und ohne sprachliche Umwege direkter sei. Zen sei in dieser Hinsicht die wirksamste Medizin für den Blick, der sich immer noch auf der Ebene der Intellektualisierung verliere. Zen ersetze diese Art Schau durch denjenigen des Mahāsvara (Großer Gott). Es sei der göttliche Blick, der direkt in die Geheimnisse der letzten Realität schaue. Dieses Öffnen oder Erwachen geschähe plötzlich und jenseits aller sprachlichen Manifestationen, was Shingon charakteristischerweise nicht berücksichtige.

南無阿彌陁佛

2. Amida Butsu
(Amida, der Buddha des Unendlichen Lichts)

Amida, heißt es, habe fünf Kalpas lang meditiert, und nachdem er sich entschieden hatte, welche Methode (UPĀYA) die beste wäre, um alle Menschen davon zu erlösen, viele Leben voller Leiden in einer Kette von Wiedergeburten durchmachen zu müssen, habe er zehn weitere Kalpas verbracht, um sich für diese Ausgabe vorzubereiten. Er unterzog sich mannigfaltiger Arten von Kasteiungen und vollbrachte aufopfernde Taten jeder Art. (Ein Kalpa als Zeiteinheit ist praktisch so lang wie die Unendlichkeit.) Diejenigen, die an Amida absolut glauben und seinen Namen NAMU-AMIDA-BUTSU ein einziges Mal in aller Aufrichtigkeit aussprechen, werden sicher im Reinen Land Amidas wiedergeboren werden. Und diese Geburt wird nicht nur die völlige Befreiung des Gläubigen selbst versichern, sondern sie wird ihn auch dazu befähigen, auf diese Welt der Relativitäten und Leiden zurückzukehren und für das geistige Wohl aller Wesen zu arbeiten.

Die Inschrift über der zentralen Figur des Amida enthält einige der »Original-Gelübde« (PŪRVA-PRANI-DHĀNA), die Amida geleistet hatte, als er noch auf der Stufe eines Bodhisattvas stand.

南無阿彌陀佛

文政戊子冬日　　扶桑最初禅窟隠人

梵仙厓拜写

3. Buddha mit seinen Anhängern

Buddha wird von zwei Bodhisattvas und sechzehn ARHATS umgeben. Die beiden Bodhisattvas sind Samantabhadra (links) auf einem Elefanten und Mañjuśrī (rechts) auf einem Löwen. Samantabhadra, auf japanisch Fugen, symbolisiert Liebe und Mitleid (KARUNA), Mañjuśrī, auf japanisch Monju, stellt die transzendente Weisheit (PRAJÑĀ) dar.

Dies ist Sengais Wiedergabe einer orthodoxen Darstellung Buddhas mit der üblichen Gruppe seiner Anhänger. Sie zeigt, daß Sengai gut geschult war in der Technik des traditionellen Stils der Tuschmalerei.

4. Dreifuß

Es ist mein ständiger Gedanke:
Der Geist, Buddha und alle Wesen,
Diese drei sind nicht unterschieden.

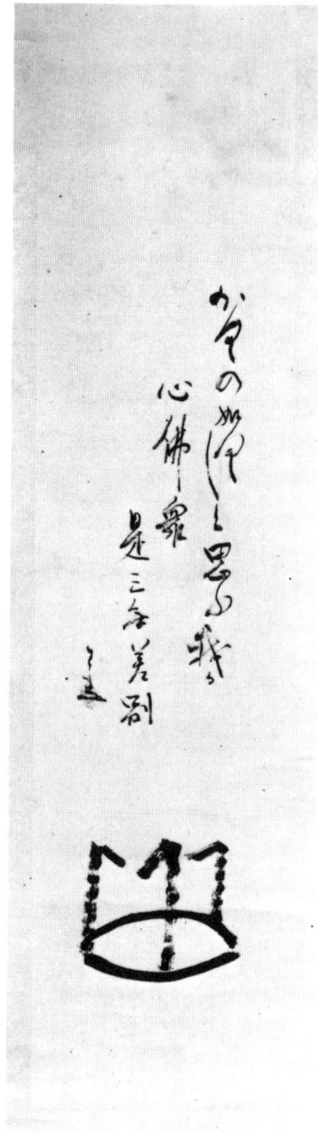

かくの如く〜と思ふ我か
心佛衆　是三無差別　厓

Die drei mit einem Reifen verbundenen Beine oder Zacken bilden eine Vorrichtung, um einen Kessel über ein brennendes Holzfeuer zu stellen. Der Geist, Buddha und alle Wesen sind eins und nicht drei – das ist die Lehre der Kegon-Philosophie. Sengai drückt in dieser dichterischen japanischen Form seinen Wunsch aus, die Lehre in seinem täglichen Leben anzuwenden.

雪の山に昔し佛の見し星の
光リハ今にかわらぬものを
厓

5. Shākyamuni tritt aus seiner Bergeinsiedelei hervor

Über den schneebedeckten Bergen
[des Himalaya]
Scheint der Stern noch immer klar,
Wie Buddha ihn vor langer Zeit gesehen hat,
[Doch leider: Einige von uns schaffen
es nicht, ihn zu sehen].

Shākyamuni verbrachte, nachdem er sein Heim verlassen hatte, um nach der letzten Wahrheit zu suchen, sechs Jahre mit philosophischen Studien zu und führte ein asketisches Leben in einer Bergeinsiedelei, aber es kam ihm keine Erleuchtung. Er verzweifelte; völlig verloren wußte er nicht mehr, was mit sich beginnen. In dieser Stimmung blickte er zufällig in die Höhe und sah den Morgenstern, dessen Strahlen sein ganzes Wesen durchdrangen, und er wurde erleuchtet. Er verließ seine Zuflucht und machte sich auf, um der ganzen Welt von seiner Erfahrung Kenntnis zu geben, damit sie an der Freiheit, der er sich erfreute, teilhaben könne.

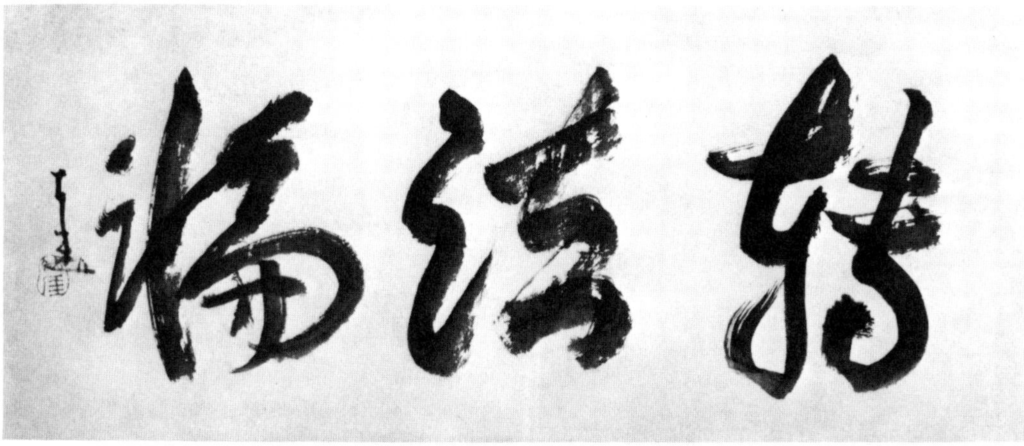

轉法輪　匡

6. Das Rad des Dharma drehen

Nach einigen Jahren der Meditation in den Bergen kam Buddha aus seiner Zurückgezogenheit hervor und hielt seine erste Predigt in Sarnath. Diese Begebenheit ist in der buddhistischen Geschichte bekannt als die erste Revolution, und Buddhas Aktivitäten als Prediger werden mit dem rollenden Rad des Dharma, der Wahrheit, verglichen.

菩薩清涼月　遊於畢竟空
衆生心水淨　菩提影現中
世の憂きを心津くしに嘆けとて
我か衣てに波掛の岸
文政丁亥十月
扶桑最初禪窟　梵仙厓拜画

7. Kwannon, die Göttin der Barmherzigkeit

Der klare, erfrischende Mond
der Bodhisattvaschaft
Scheint lustig im Himmel
der vollkommenen Leere;
Wenn das Geist-Wasser
gewöhnlicher Wesen rein ist,
Spiegelt die Erleuchtung sich in ihm.

Kwannon (Avalokiteśvara Bodhisattva) stellt im Buddhismus den Mitleid(KARUNĀ)-Aspekt der absoluten Realität dar. Sie verwirklicht sich in der praktischen Entfaltung ihrer charakteristischen Tugenden, die sich symbolisch in dreiunddreißig Formen manifestieren. Das Bild hier ist eine der Formen, bekannt als die »Wasser-Mond-Kwannon« (Suigetsu Kwannon).
Die Inschrift auf der äußersten Linken bedeutet:

Am Ufer des Namikake,
Meine Ärmel tränenfeucht,
Sitze ich tief versunken in Betrachtung
Über die Sorgen des menschlichen Lebens.

Die Geschichte der Kwannon steht in der LOTUS-SŪTRA (HOKKE-KYI oder SADDHARMA-PUNDERĪKA) im Kapitel, das den Titel FUMON BON (Tor zum Universum) trägt.

世の憂きを心ろ津くしに嘆けとて
袖の湊に浪掛の岸　　　　　　匡拜戯

8. Kwannon

Als sie sieht, wie schlecht sich die Welt benimmt, wird Kwannon, die Göttin des Erbarmens tief betrübt und ihre tränenfeuchten Ärmel sind wie von den Wellen durchnäßt.

9. Fudō Myō-ō

Fudō-Myō-ō (ACALA-VIDYĀ-RĀJA im Sanskrit) ist einer der vier Myō-ō (Könige des Wissens), die Inkarnationen Buddhas darstellen. – Sie alle zeigen grimmige, ärgerliche und drohende Züge. Sie sollen dazu dienen, den Buddhismus gegen die Angriffe böser Geister zu verteidigen. Fudō, »Der Unbewegliche«, ist der Name des Königs, der von der Shingon-Sekte besonders bevorzugt wird. Shingon (Sanskrit MANTRAM) stellt eine Form des Buddhismus dar, die viel vom Tantrismus enthält. Fudō ist phantastisch in der Erscheinung, weil er jede Idee, die an der Struktur der Shingon-Lehre teilhat, symbolisiert.

Fudō hält ein Seil in der linken Hand und in der rechten ein Schwert. Das Seil dient dazu, die schlechten Eigenschaften zu binden, die den Geist beunruhigen und ihn davon abhalten, dem richtigen Pfad zu folgen. Das Schwert soll alle Bindungen, die die freie Bewegung des ursprünglichen Geistes einschränken, in Stücke hauen. Die Flammen, die den ganzen Körper Myō-ōs einhüllen, dienen dazu, jede Spur von Beflekkung, die die menschliche Welt von der völligen Läuterung abhält, zu verbrennen. Seine sitzende Haltung ist das Symbol der Unbeweglichkeit. Er sitzt unerschütterlich und nichts kann seinen entschiedenen Willen beeinflussen, alles, was unrein und dem Buddhismus schädlich ist, zu zerstören. Er hat sich völlig dem Kampf gegen das Böse gewidmet, bleibt jedoch heiter in seinem innersten Wesen, das nichts anderes ist als das Dharmakāya selbst. Das Dharmakāya entspricht der Gottheit.

An anderer Stelle sagte Sengai über Fudō Myō-ō:

Den richtigen Augenblick weiß er,
Um in die Welt der Vielheiten einzutreten;
Wie auf einem Berg
Sitzt er unbeweglich.

不動明王

師于古佛者非
資于今佛者是
是文殊非文殊
百億毛頭百億獅子

文化癸酉玖月應于
城戸勸六請
梵僊厓焚香拜画賛

10. Mañjuśrī auf einem Löwen

Der Lehrer der Vergangenheit zu sein,
Ist nicht das seine genaue Stellung?
[Oder] den Buddhas der Gegenwart zu helfen,
Ist nicht das seine genaue Stellung?
Welche auch immer es ist, dieser Mañjuśrī hier
Ist nicht ein historischer Mañjuśrī.
Auf der Spitze jedes Haares von Millionen Löwen
Kann man Millionen (tanzender) Löwen sehen.

Als Antwort auf den Wunsch von
Kido Kanroku, im 9. Monat
des Jahres des Hahns von Bunka (1813).

Bei brennenden Weihrauchstäbchen
und mit respektvoller Verneigung wurde
dieses Bild gemalt und die Lobrede
geschrieben von Bon Sengai.

Die Erwähnung der unzähligen Löwen auf der Spitze jedes Haares eines Löwen symbolisiert die Kegon-Philosophie der Unendlichkeit. Ihrzufolge enthält jedes Objekt in sich alle anderen, in Zahlen nicht zu erfassenden Objekte, doch nicht nur summarisch »Alle in Einem und Eins in Allen«, sondern es erfährt dort auch individuell einen Zustand von universeller »Vermischung«. Das könnte uns dazu führen zu glauben, das Universum befinde sich in höchster Verwirrung. Aber wir müssen uns daran erinnern, daß Verwirrung Individualität und einen Zustand der Dinge voraussetzt, in dem jedes Objekt dem anderen Widerstand leistet. Kegon jedoch behauptet, während jedes Ding individuell bei sich ist, gestatte es zugleich auch allen anderen, es zu durchdringen, ohne daß es Zerstörung (MUGE) zwischen ihnen gäbe.

文殊大士　　匡

11. Monju Bosatsu

Monju ist der Bodhisattva der transzendenten Weisheit PRAJÑĀ, und einer der wichtigsten Figuren in der Nahayana-Lehre des Buddhismus. Er wird dargestellt mit einer Rolle buddhistischer Texte in der linken Hand und dem Schwert Vajrarāja in der rechten. Das sonderbare Tier, auf dem Sengai ihn hier reiten läßt, ist ein Tiger.

Die Bedeutung der Schriftrolle versteht sich von selbst, aber der Zweck, dem das Schwert dient, ist zweifach: der eine ist, alles zu töten, was die Verbreitung der Wahrheit (PRAJÑĀ, die transzendente Weisheit, die tief im Unterbewußtsein eines jeden von uns ruht) verhindert, und der andere ist, die Toten zu einem Leben zu erwecken, das sie bisher nicht für möglich gehalten haben. Dies ist das zweifach wirkende Schwert in der Hand Monjus. Das Schwert ist normalerweise eine tödliche Waffe, die jeden, der sich ihr nähert, mit Tod und Vernichtung bedroht, oder es steht symbolisch allgemein für Rechtschaffenheit, Recht oder Gerechtigkeit. Für die Anhänger des Mahayana ist aber damit der Gedanke an Liebe und Barmherzigkeit verbunden, besonders wenn es sich in der Hand Monjus befindet.

Der Löwe, das Symbol von Tat und Energie, ist eine bedeutungsvolle Figur in Zen-Texten. Es gibt häufig Bezugnahmen auf den goldhaarigen Löwen, dessen Gebrüll durch das Universum gehört werden kann, womit gezeigt wird, daß Zen kaum eine Lehre der Ruhe und Stille ist, die einen in ein Reich der trägen Leere führt.

Monju (Mañjuśri), Shakyamuni Buddha und Fugen (Samantabhadra) bilden eine der Dreiheiten des Mahayana. Buddha sitzt in der Mitte, Monju zu seiner Linken und Fugen rechts von ihm. Fugen, auf einem Elefanten reitend, stellt den anderen höchst bedeutsamen Aspekt dar, den der Wahrheit, der Liebe und der Barmherzigkeit, die in die Welt der Einzelheiten eintreten.

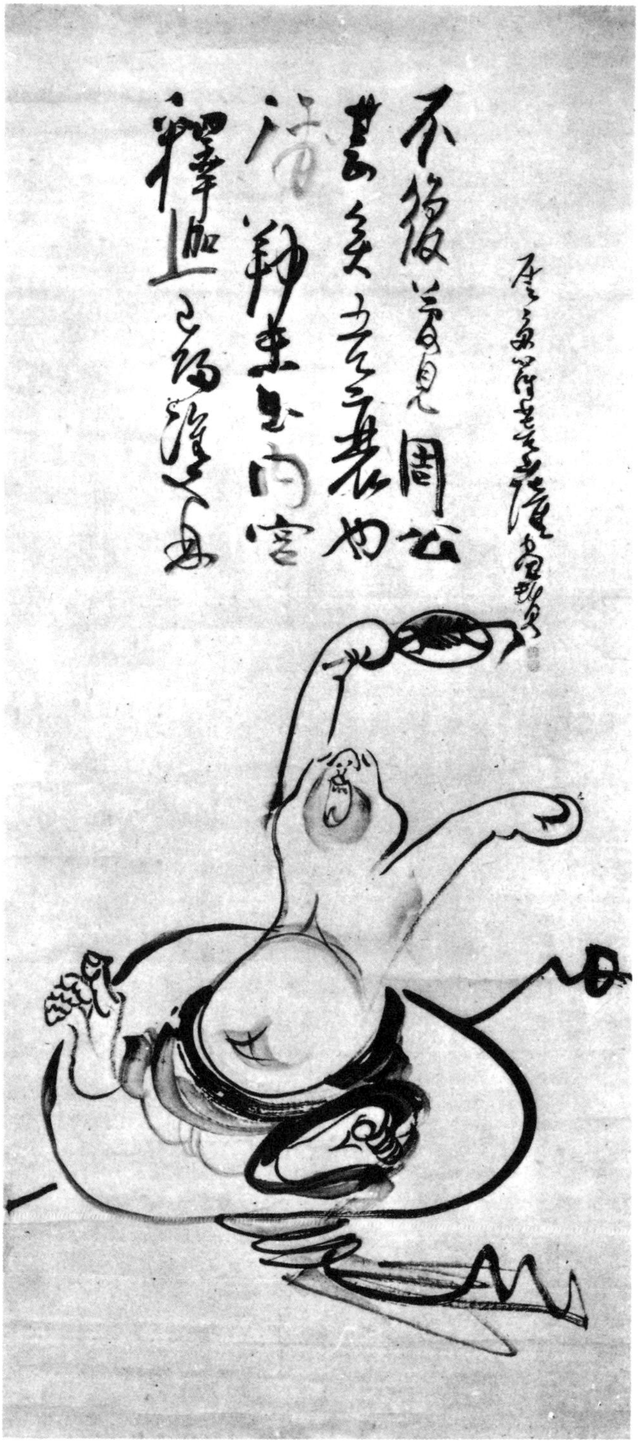

釋迦已歸雙林　彌勒未出内宮
甚矣吾衰也　不復夢見周公
厔多羅菩薩画贊

12. Der gähnende Hotei

Shākyamuni ist längst unter den
Zwillingssalabäumen gestorben.
Maitreya sitzt noch immer (in Meditation)
Im Tushita Himmel.
Wie alt bin ich doch geworden!
Ich habe aufgehört, vom König von Chou zu träumen!

Gezeichnet und geschrieben
von Gai-tara Bodhisattva (Sengai).

Diese Inschrift steckt voll historischer Hinweise. Die erste Zeile bezieht sich auf Shākyamuni Buddha, von dem überliefert wird, daß er vor zweitausendfünfhundert Jahren unter zwei Salabäumen gestorben ist. Maitreya ist ein Bodhisattva, der zukünftige Buddha, der noch immer im Tushitā Himmel wohnt und darauf wartet, am Ende des gegenwärtigen Kalpa (einer nicht zu zählenden Anzahl von Jahren) zu erscheinen. In der Zwischenzeit ist kein Buddha in dieser Welt außer Sengai, der bereits voll erleuchtet ist und keine Notwendigkeit für das Erscheinen eines Buddhas fühlt. Er gleicht Konfuzius, der gegen Ende seines Lebens zu seinen Schülern sagte, er habe aufgehört, vom König von Chou zu träumen, da er bereits zu Chou Kung, der Persönlichkeit seines Ideals gereift sei. Hotei, der hier für Sengai steht, wird abgebildet, als wäre er gerade aus einem leichten Schlummer erwacht.

出三界火宅露地座　　厓

13.

Komm heraus aus der dreifachen Welt, [die]
Einem Haus in Flammen [gleicht], und setz dich in den Hof.

Der Vergleich von dem Haus in Flammen steht in dem Lotus-Sūtra. Die Kinder im brennenden Haus sind sich, in ihr Spiel vertieft, der drohenden Gefahr nicht bewußt. Buddha zeigt einen Weg, um die Unschuldigen aus dem Haus auf das offene Feld zu locken, wo sie sich nach Herzenslust vergnügen können.

14. Hotei

Mit einer schweren Last
Nach einem langen Weg
Unter Menschen, unter Göttern,
Bin ich jetzt erschöpft.
Gibt es nicht einen Ort, an dem ich
Die Bürde wenigstens für eine Weile
Niedersetzen kann?

負重涉遠　于人于天
吾已矣夫　無地息肩
無端厓

七福を一福にして大福茶

15. Die Sieben Götter des Glücks

Bündle alle sieben Glückseligkeiten zusammen
Und mache aus Ihnen ein Glücklichsein,
Und daraus einen großen Tee der Seligkeit.

Die sechs Götter und eine Göttin der Glückseligkeit, oder die sieben Götter des Glücks, wie sie in diesem Bild dargestellt werden, sind von oben angeführt: der Gott des Glücklichsein, des Reichtums und des langen Lebens (Fukūrokūjū); (links) der Gott der Langlebigkeit (Jurōjin); der Gott der Krieger (Bishamon); die Göttin der Künste (Benzaiten); der Gott der Fülle (Daikokuten); der Gott des Reichtums (Ebisu); und Hotei, der Spender nie versiegender Schätze, der als Inkarnation Maitreyas angesehen wird. Hotei liegt hier zufrieden am Boden. Es ist offensichtlich, daß dieser Bodhisattva Sengais Lieblingsfigur war.

龍女三千界　秦王十五城
斯珠人不眄　大黒闇中明

16. Daikokuten

Dieses Juwel, das im
Dunkelsten aller Dunkelheiten leuchtet,
Wird nicht von allen Menschen wahrgenommen.
Ein chinesischer Kaiser war willens, sich [für dieses Juwel]
Von fünfzehn seiner Städte zu trennen;
[Es ist das Juwel, das] Buddha von
Einem Mädchen aus Nāga geschenkt wurde
Und von dem man sagt,
Es sei drei große tausendjährige Universen wert.

Daikokuten, Gott des Reichtums, bedeutet wörtlich »sehr dunkel«; in Indien, wo er zuerst als Gott der Zerstörung galt, ist er als Mahākālā bekannt. In Japan jedoch ist er der Gott des guten Glücks. Er streut CINTAMANI (wie-du-willst) genannte Juwelen aus seinem Sack. Der hier erwähnte chinesische König war der Fürst Chao von Ch'in, der in der als die »Kriegführenden Staaten« in China bekannten Periode (403–321 v. Chr.) von einem Juwel im benachbarten Fürstentum Chao hörte; er bot an, sich von fünfzehn seiner Städte zu trennen im Austausch für den wertvollen Schatz, aber der Fürst von Chao lehnte das Angebot ab.

Die Geschichte des Nāga-Mädchens steht in dem LOTUS-SŪTRA in dem Kapitel DEVADETTA. Sie lautet:

Als Mañjuśrī der Gemeinde von der subtilen Bedeutung und der tiefgründigen Wahrheit der LOTUS-SŪTRA erzählte, fragte ihn Prajñākuta: »Gibt es jemand, der jemals in ihre tiefe Bedeutung eingedrungen ist und schließlich die Buddhaschaft erreicht hat?« Mañjuśrī antwortete: »Ja, es gibt ein achtjähriges Nāga-Mädchen, das mit einer fabelhaften Intelligenz begabt ist und mit einem höchst mitfühlenden Herzen. Sie ist es, die bald ein Buddha sein wird.« Prajñākuta antwortete: »Das ist unmöglich. Unser Shākyamuni ging durch viele Äonen geistiger Erziehung, bevor der die Buddhaschaft erreichte.« Ehe er diesen Satz beenden konnte, erschien vor ihnen das Nāga-Mädchen selbst und begann eine Lobpreisung auf Buddha's Tugenden.

Da sagte Sāriputra zu dem Mädchen: »Du bist ein weibliches Wesen, das von seinem Karma her eigentlich fünf Hindernisse hat:

1. Sie kann kein Brahma-König werden; 2. Sie kann nicht den Rang eines Sakrendra erreichen; 3. Sie kann kein teuflischer Geist sein; 4. Sie ist davon ausgeschlossen, ein Gebieter über die ganze Welt zu werden und 5. Sie kann keine Buddhaschaft erlangen. Wie kannst du also nach der höchsten Erleuchtung streben?«

Das Nāga-Mädchen nahm einen Edelstein vom Wert des ganzen Universums und bot ihn dem Buddha dar, und der Buddha nahm ihn sofort an. Daraufhin sprach das Mädchen zu Prajñākuta und Sāriputra: »Ich schenkte Buddha einen Edelstein, er nahm ihn ohne Zögern an. Denkt ihr, das war schnell?«

Sie antworteten: »Ja, wirklich schnell.«

Das Mädchen sagte: »Mit all euren magischen Kräften werdet ihr sehen, wie rasch ich die Buddhaschaft erreichen kann.«

So sprach sie und verwandelte sich sofort in einem Mann im vollen Besitz aller Tugenden der Bodhusattvaschaft und erschien in der »Absolute Reinheit« (VIMALA) genannten Welt auf einer wunderbar verzierten Lotusblume sitzend. Sie war nun sichtbar ausgestattet mit den zweiunddreißig Haupt- und den achtzig Nebenzeichen eines Buddha und sprach über das Dharma zu einer großen Zuhörerschaft von Menschen der verschiedensten Klassen und führte diese zur höchsten, vollkommenen Erleuchtung.

今歳から阿きなひ繁昌請合た

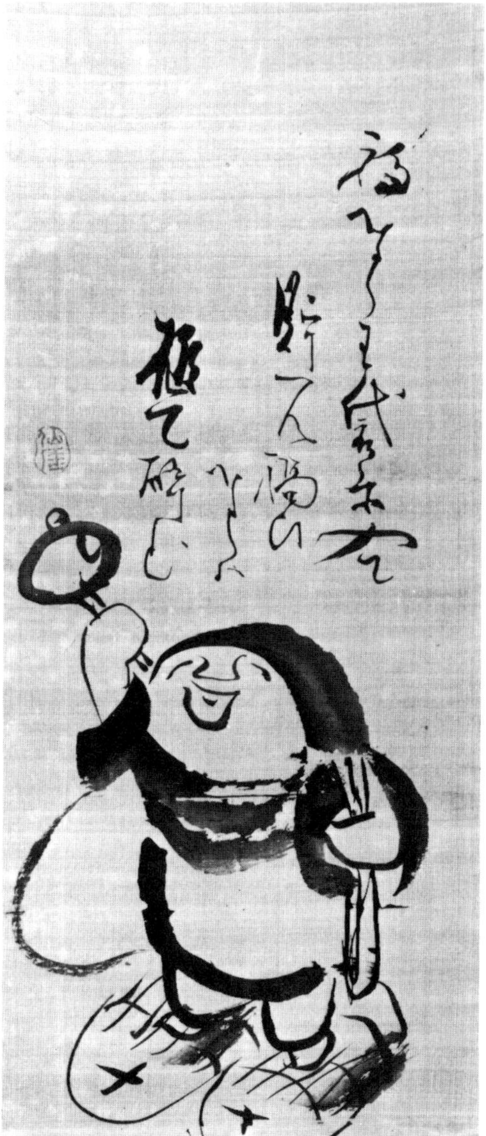

福ならは袋に入て貯へん
禍ひならハ槌て砕む

17. Ebisu und Daikokuten

LINKS:

EBISU
Beginnend mit diesem Jahr [sind dir]
blühende Geschäfte gesichert.

RECHTS:

DAIKOKUTEN
Sollte großes Glück deinen Weg kreuzen,
Will ich es in meinem Sack für dich bewahren.
Sollte dir Unglück über den Weg laufen,
Will ich es mit meinem Hammer zerschmettern.

Wir können wohl annehmen, daß Kaufleute zu Sengai kamen, um gemalte Andenken mit glückbringenden Inschriften zu bekommen. Sengai hat anscheinend großzügig ihren irdischen Wünschen und Hoffnungen entsprochen, vielleicht in der Hoffnung, sie zu guten Taten in der Welt zu bewegen.

Dies sind zwei der sieben japanischen Glücksgötter. Links sieht man Ebisu in der Kleidung eines Fischers und rechts Daikokuten (mit Reisballen unter seinen Füßen) und einem magischen Hammer und einem großen Sack in der Hand.

Ebisu ist wahrscheinlich ein importierter Gott, da der Name Ebisu »Fremdling« oder eine Person von außerhalb der japanischen Grenzen bedeutet. Seine Fischertracht zeigt, daß er auch mit dem Leben am Meer in Zusammenhang steht.

Daikokuten ist ebenfalls ausländischer Herkunft. Daikoku entspricht dem Hindu-Gott Mahākāla, »der Große Schwarze« oder »Große Dunkelheit«. Er ist eine Inkarnation Shivas als Zerstörer, schwarz und von schrecklichem Anblick. In Japan allerdings ist er zum Gott des Glücks geworden.

Wenn Daikokuten seinen magischen Hammer schwingt, gibt es einen Regen von Edelsteinen, die CINTAMANI heißen. Dem Besitzer eines solchen Juwels wird jeder Wunsch erfüllt, der ihm in den Sinn kommt.

18.
Der Stern des Südpols

Hundert Männer, jeder hundert
Jahre alt,
Zählen zusammen zehntausend
Jahre,
Trotzdem ist diese Zahl begrenzt.
So wandern sie zum Stern des Südlichen Himmels,
Auf der Suche nach dem ewigen
Leben.

Der alten chinesischen Astronomie nach steht am südlichen Himmel ein Fixstern, der dem Polarstern entspricht. Er symbolisiert langes Leben und wird allgemein als Jurojin dargestellt, einer der sieben Götter des Glücks in Gestalt eines alten Manns mit spitzem Kopf und langem Bart.

百歳百人　都一萬年
猶是有限　故迎南星於天
厓應請

世の中に福寿そろふた人もな志
上長かけれハ下もハ短か志　厓

19. Fuku-roku-ju

FUKU-(ROKU-)JU,
Nicht eine Seele in der Welt
Ist im Besitz von allen Dreien:
Wenn die Spitze lang ist,
Ist der Boden kurz.

FUKU ist Glück, ROKU Reichtum und JU Langlebigkeit. Diese drei Worte stellen die individuellen Ideale der Chinesen dar. Um gesegnet zu sein, muß man genug Kinder besitzen, so daß die Ahnenreihe fortgesetzt werden und der alten Geister von den Nachkommen für ewig gedacht werden kann. Das chinesische Leben drehte sich um die Tugend der Ehrfurcht der Kinder gegenüber den Eltern. Reichtum bedeutet wirtschaftliche Sicherheit. Langlebigkeit wird im allgemeinen durch einen alten Mann mit länglichem Kopf symbolisiert; hier wird er mit relativ kurzen Beinen dargestellt.

Sengai warnt als guter Buddhist die weltlichen Menschen, nicht gierig zu sein in dem Versuch, alle Wünsche zu befriedigen. Zufriedenheit sei eine weitaus bessere Tugend.

福の神福ハ釣るとも毒くふな　厓

20. Ebisu

Möge der Gott des Glückes
FUKU [Glück] fischen,
Und nicht den giftigen FUGU.

Ebisu, einer der sieben Glücksgötter, wird gewöhnlich mit einem lächelnden Gesicht und großen Ohren dargestellt. Er ist wie ein Fischer gekleidet und trägt eine Angelrute sowie eine große Seebrasse (TAI), die einen glücklichen Anlaß (MEDETAI) symbolisiert.

FUKU, gewöhnlich FUGU genannt, ist ein Kugelfisch, der seinen Bauch wie einen Ball aufpumpt, wenn er gereizt wird. Er gilt als Delikatesse, ist aber tödlich giftig, wenn er nicht gründlich von seinen giftigen Teilen gereinigt wird. Da FUKU auf Japanisch auch »Glück« heißt, spielt Sengai hier mit der doppelten Bedeutung der Worte. Er hofft, daß Ebisu keinen falschen Fang macht. Es ist weiser, über allem Glück oder Unglück zu stehen, am weisesten jedoch vor allem ist es, auf gutes Glück zu hoffen, da die Hoffnung ein wenig hilft, daß es eintritt.

21. Eine Dreieinigkeit japanischer Götter

(MITTE)
AMA-TERASU-KŌ-TAI-JIN GŪ
[Der Schrein des Himmel-erleuchtenden-großen-erhabenen-Gottes]

(RECHTS)
HACHI-MAN-DAI-BO-SATSU)
[Hachiman, der Große Bodhisattva)

(LINKS)
KASU-GA-DAI-MYO-JIN
[Kasuga, der Große erleuchtete Gott]

Dies sind drei der beliebtesten der angebeteten Götter in der Shinto-Hierarchie. Sengai war an der traditionellen Shintolehre interessiert. Hachiman ist der Schutzgott der Familie Genji, Kasuga der Beschützer der Fujiwara-Familie. Es ist bezeichnend, daß Hachiman den Titel »Maha-Bodhisattva« oder »Das große Wesen der Weisheit« gegeben wird. Als der Buddhismus in Japan eingeführt wurde, wurden alle Anstrengungen unternommen, die einheimische Shinto-Lehre in den buddhistischen Lehrkörper einzugliedern. Oft wurden daher Shinto-Götter als Inkarnation Bodhisattvas angesehen.

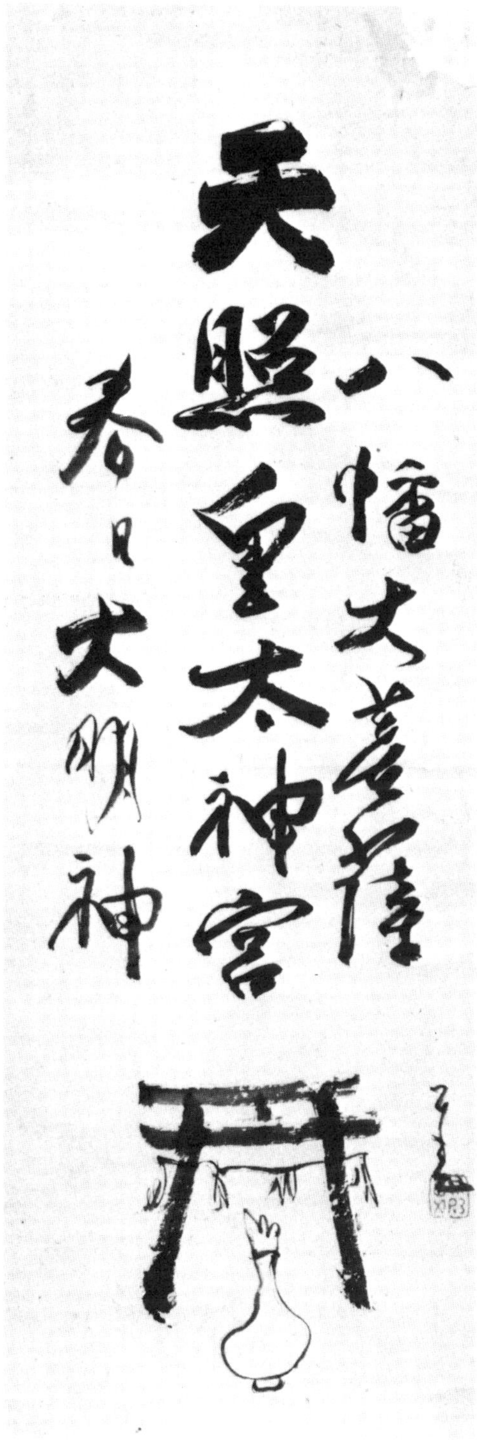

八幡大菩薩
天照皇太神宮
春日大明神
厓

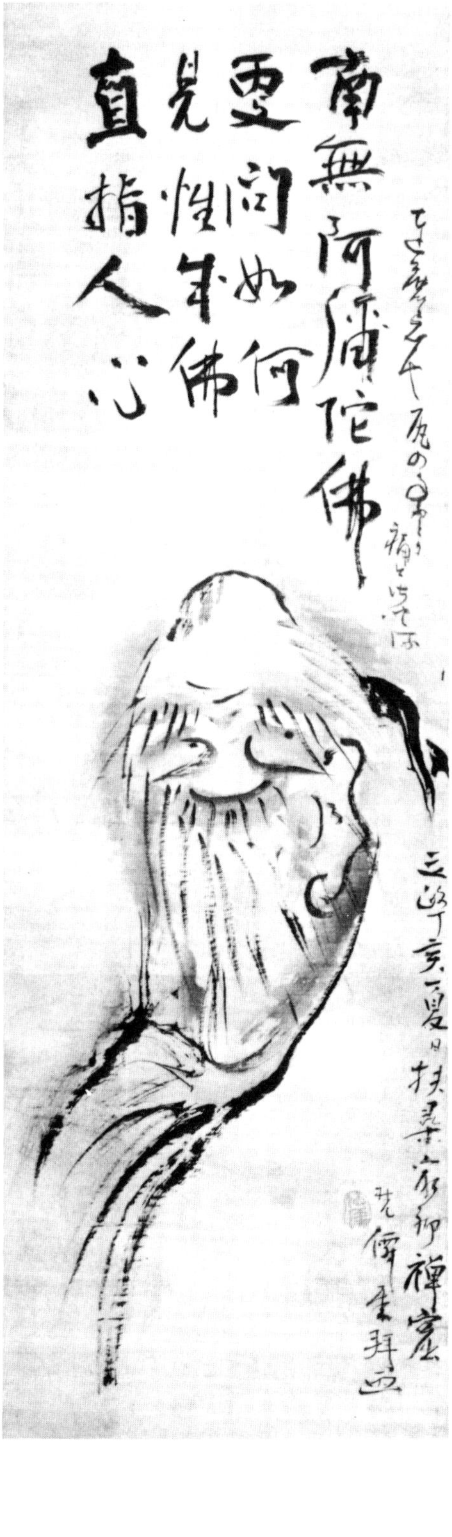

直指人心　見性成佛
更問如何　南無阿彌陀佛
達磨忌や尻の年ふとか痛と御坐流
文政丁亥夏日
扶桑最初禅窟　梵僊厓拜画

22. Bodhidharma

Unmittelbar auf den Geist
Des Menschen weisend
[Läßt er uns] in den Innersten Kern blicken
Und zur Buddhaschaft gelangen.
[Aber wenn du darauf bestehst, weitere]
Fragen zu stellen,
[Würde ich sagen:]
Namu-amida-butsu!

Feierlich schreibt Sengai in klassischem Chinesisch eine Huldigung an Bodhidharma, den ersten Patriarchen des Zen-Buddhismus in China. Die ersten vier Zeilen werden häufig von Anhängern des Zen als die Grundsätze der Zen-Disziplin zitiert. Sollte jemand allerdings weitere Fragen nach dem »Innersten Kern« stellen, erhält er die Antwort: »Namu-amida-butsu«. Dies ist eine Mantra-ähnliche Phrase, die im Sanskrit-Original bedeutet: »Gebet zum Buddha des Unendlichen Lichtes (oder Ewigen Lebens)«. Sie wird sich ständig wiederholend von den Anhängern der Reinen-Land-Sekte des Buddhismus aufgesagt und erinnert sehr an die »unaufhörlichen Gebete« der russisch-orthodoxen Christen. Sengai behandelt sie hier wie eine Art von Zen-KOAN[1].

Es wird angenommen, Bodhidharma sei von Südindien etwa a. D. 470 nach China gekommen und dort 528 n. Chr. gestorben. In den Zenklöstern gedenken die Mönche seines Todestages, indem sie zeremoniell einen Teil des Tages mit gekreuzten Beinen in Meditation sitzen.

In die Ecke des Rollbildes schrieb Sengai einen Haiku-Vers von siebzehn Silben:

Bodhidharmas Gedenktag ist da,
Und ich sitze in Meditation,
Aber oh, der Schmerz von diesem Furunkel an meinem Gesäß!

Ehrfürchtig gezeichnet und beschriftet von Bon Sengai vom Ersten Zen-Institut in Japan, an diesem Sommertag im zweiten STEM des Elements Feuer im Jahr des Ebers[2], Bunsei (1827).

1 Eine Meditationsfrage, die dem Zenstudenten gestellt wird.
2 Dies bezieht sich auf das zyklische System der chinesischen Chronologie.

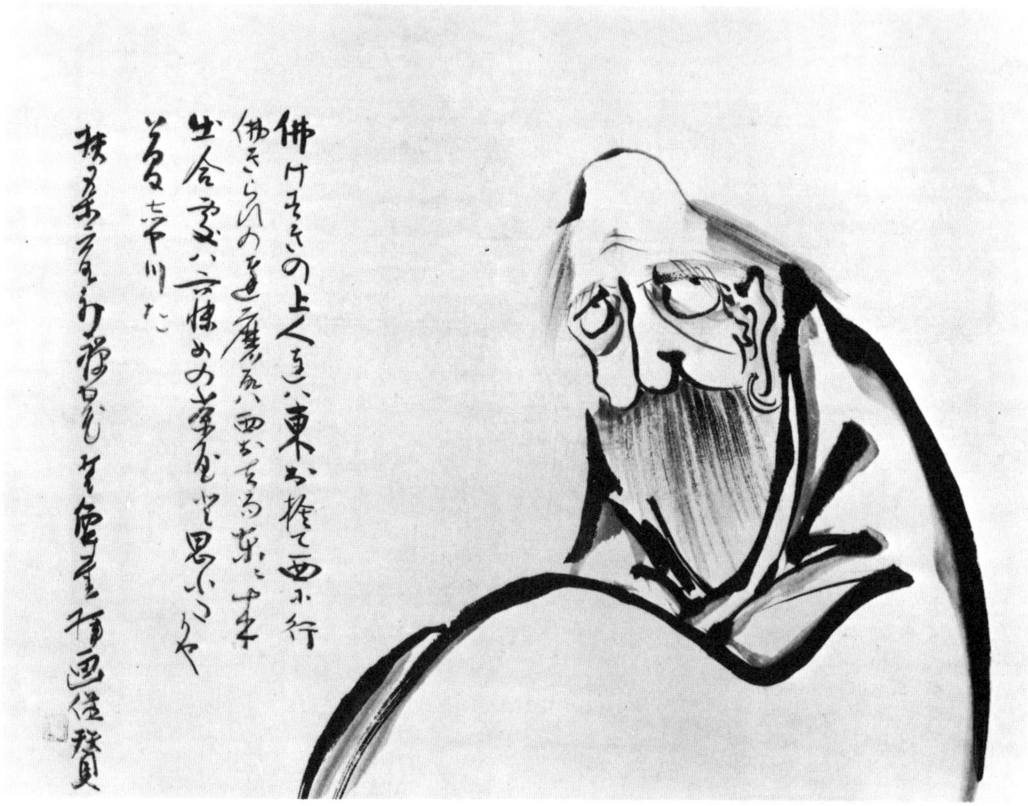

23. Bodhidharma (Daruma)

> Diese ehrenwerten buddhistischen Schüler, die Buddha lieben, verlassen den Osten und gehen westwärts, (das heißt: nach Indien); Herr Daruma, der Buddha nicht mag, kommt aus dem Westen nach Osten. Ich dachte, sie würden sich im Teehaus der Erweckung treffen. Doch leider! Alles war nur ein Traum.

Dieser satirische Kommentar über manche Buddhisten ist charakteristisch für Sengai. Der Gedanke ist, daß jene, die eifersüchtig an Buddhas Worten hängen, immer auf Buddha als die einzige Autorität blicken, während Bodhidharma oder Daruma, der den Sinn der Worte Buddhas anstatt nur der Worte ernstnimmt, Indien verlassen und sich im Fernen Ossten niedergelassen hat. Da der eine nach Osten geht und die anderen in die entgegengesetzte Richtung, werden sie sich wahrscheinlich an einem bestimmten Punkt, der nichts anderes ist als die Erfahrung der Erleuchtung, treffen. Aber seltsamerweise halten die Gelehrten an Worten fest, während jene, deren Stolz es ist, die Weisheit zu »erfahren«, das Studium der Literatur verachten. Wissen sie denn nicht, daß es sowohl des Studiums, als auch der Erfahrung der Erleuchtung bedarf?

佛けすきの上人達ハ東お捨て西に行
佛きらひの達磨殿ハ西お去而東に来
出合處ハ寐めの茶屋と思ふたりや
夢志やつた

扶桑最初禅窟　梵僊厓拝画併賛

達磨のはけ物
見てくれなんセ

24. Bodhidharma als Frau

Bitte, sieh mich an:
Eine Schein-Verwandlung von Daruma.

Bodhidharma ist der erste Patriarch in der Geschichte des Zen in China. Man sagt, er habe den Zen im fünften Jahrhundert aus Indien mitgebracht; doch beginnt, um genau zu sein, die sogenannte Geschichte des Zen nicht vor Eno (Hui-neng, 638–713). Die Geschichte Bodhidharmas (Daruma auf japanisch und Ta-mo auf chinesisch) wird von vielerlei Legenden umrankt. Zenleute schließen sich dem Glauben an, daß er ein Gespräch mit Kaiser Wu von Liang führte und sich später in die Berge zurückzog, wo er neun Jahre in tiefer Meditation verbrachte. Er wird gewöhnlich mit einer großen Nase, buschigen Augenbrauen und einem dichten Bart dargestellt. Höchstwahrscheinlich wird er sein Haupt und seinen Körper mit warmer Kleidung geschützt haben, da er das rauhe Klima in Nord-China nicht gewohnt war. Sengai hat ihn hier in die Verkleidung einer verführerischen Frau gesteckt.

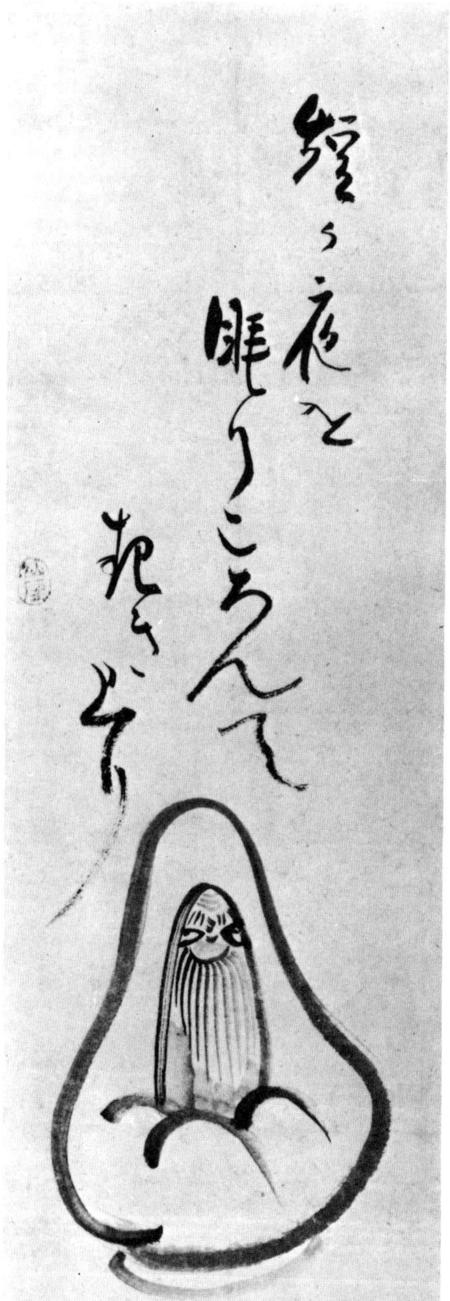

短か夜を眠りころんで起き上り

25. Bodhidharma

Die Nacht ist kurz,
Und ich erhebe mich
Vom flachen Liegen am Boden
Wie eine OKIAGARI-Puppe.

Diese Zeichnung ist als OKIAGARI-KOBOSHI, wörtlich: »kleiner, aufrecht sitzender Mönch«, bekannt. Sie stellt Bodhidharma dar, den ersten Patriarchen des chinesischen Zen. In Japan hat Bodhidharma oder Daruma eine interessante Veränderung erfahren. Er wurde zu einer Puppe, die derart populär wurde, daß nur wenige Menschen heutzutage die Herkunft dieser Figur, der wir hier im Osten doch so viel verdanken, erraten. Üblicherweise aus Papiermaché fertigt man sie als Spielzeug, das, sooft es auch jemand umstößt, sich immer wieder aufrichtet. »Siebenmal runter und wieder hoch beim achten Mal,« sagt man als Sprichwort in Verbindung mit dem OKIAGARI-KOBOSHI, der als Vorbild an Geduld, Standhaftigkeit und Unerschütterlichkeit angesehen wird. Der ehrwürdige Bodhidharma soll im Norden Chinas neun Jahre lang in tiefer Meditation vor einer Wand gesessen haben. Heute steht er in dieser Form eines taumelnden Spielzeugs dem Herzen der Japaner nahe.

本邦佛門棟梁
聖徳太子

26. Prinz Shōtoku

Shōtoku Taishi (574–622) ist eine der bedeutendsten Figuren der frühen japanischen Geschichte. Nicht nur als Person, sondern auch als Staatsmann, Philosoph, Historiker, Organisator und sogar als Architekt leistete er Bedeutendes. Er konnte Anspruch darauf erheben, der Erbauer des Hōryūji-Tempels in Nara gewesen zu sein, der bis heute ein unübertroffenes Monument seines Genies geblieben ist. Jemand, der in den frühen Tagen der japanischen Zivilisation die Idee zu einem derart großartigen Architekturwerk ersinnen konnte, muß als außerordentlich begabter Geist angesehen werden. Natürlich war er nicht der Zeichner, doch derjenige, der als oberste Autorität die Genehmigung zur Ausführung des Plans erteilte. Es ist kein Wunder, daß die japanischen Zimmerleute ihn als den Gott ihres Gewerbes verehren.

Der Prinz war auch ein bedeutender Philosoph, der alle Feinheiten der tiefen metaphysischen Gedanken, die in Indien entwickelt worden waren und über China nach Japan kamen, meisterte. Diese Gedanken wurden durch die komplizierten chinesischen Schriftzeichen übermittelt, die der Prinz nicht nur lesen, sondern auch sehr gebildet schreiben konnte. Er kommentierte die drei großen Mahayana-Texte: Das SADDHARMA-PUNDARIKA SŪTRA, das VIMALAKĪRTĪ NIRDESA SŪTRA und das SRIMALADEVI-SIMHANADA SŪTRA.

In seinem »Fundamentalen Gesetz der siebzehn Artikel« formulierte der Prinz die moralischen Prinzipien der Regierung und des japanischen Volkes, wobei er das Gebot der Harmonie als das für das soziale Leben wichtigste hervorhob.

本邦佛門棟梁　聖徳太子　厓

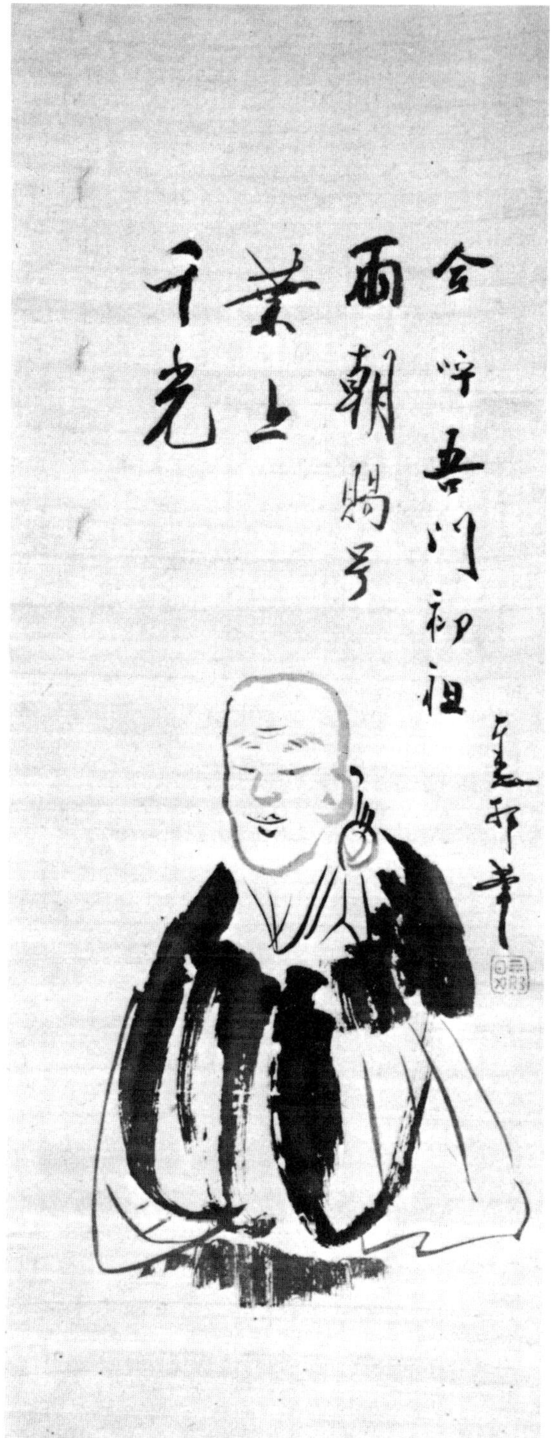

千光　葉上　兩朝賜号
合呼吾門初祖
厓拜筆

27. Eisai

Senkō und Yōjō
Waren zwei von Kaisern verliehene Titel.
Setze beide zusammen und Du hast
Den Namen unseres ersten Vaters.

Eisai (1141–1215) war der erste Überbringer der buddhistischen Zenlehre des Rinzai nach Japan. Er ist bekannt dafür, daß er den Kennyi-Tempel in Kyoto, den Jufukuji in Kamakura und den Shōfukuji in der Präfektur Hakata, an dem Sengai als Abt waltete, gründete. Eisai war auch ein Gelehrter der Shingon-(Mikkyō)-Sekte des Buddhismus, und es ist wahrscheinlich, daß auch Sengai dem Vorbild des Gründers folgte und Shingon studierte. Senkō oder »tausend Lichtstrahlen« wurde Eisai als Titel posthum verliehen; dies bezieht sich auf eine Legende. Während Eisais erstem Aufenthalt in China herrschte eine große Dürre, und der Gouverneur des Ortes bat Eisai, zum Himmel um Regen zu beten. Es wird berichtet, daß tausend Strahlen von seinem Körper ausgingen, während er die Gebetszeremonie verrichtete und daß das Ritual eine Katastrophe abwandte.

Yōjō war ebenfalls ein posthumer Titel. Es ist der Name eines der Zweige der Tendai-Shingon-Schule, aus der Eisai stammte.

Eisai besuchte China zweimal. Das erste Mal war ein kurzer Aufenthalt im Jahre 1168, der zweite Aufenthalt dauerte fünf Jahre, von 1186 bis 1191. Heutzutage erinnert man sich an ihn vielleicht am ehesten, weil er den Teestrauch in Japan eingeführt hat.

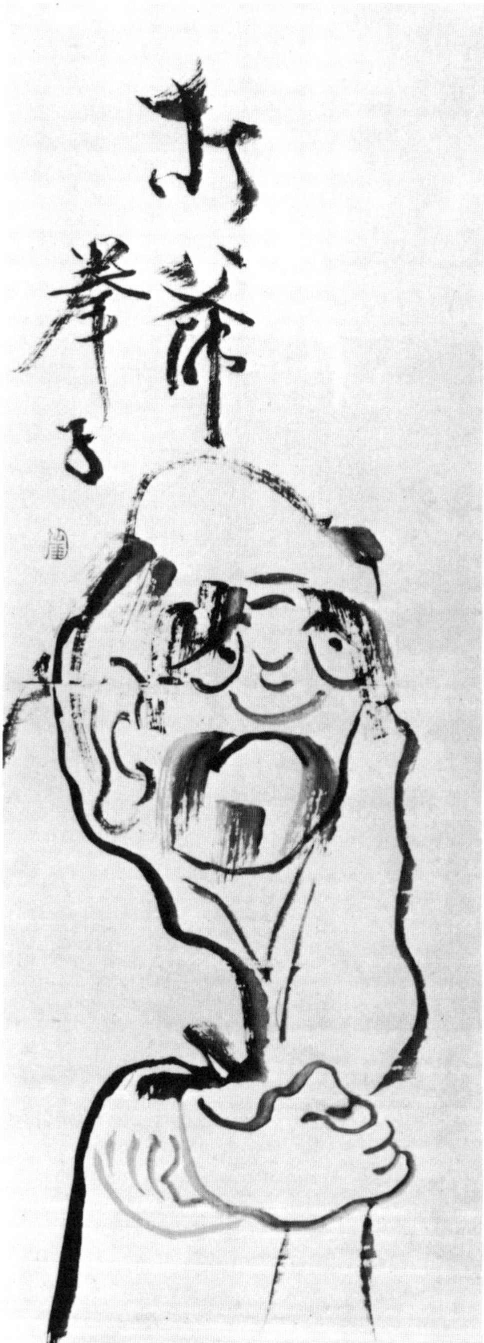

打爺拳了

一喝三日

28. Baso und Rinzai

RECHTS Ein »Kwatz«[1] [und] drei Tage. [Baso]
LINKS Die Faust, die den Vater schlägt. [Rinzai]

Die beiden Aussprüche beziehen sich auf zwei der bemerkenswertesten Begebenheiten, die in der Geschichte des Zen aus China überliefert worden sind. Die erste Zeile bezieht sich auf einen Vorfall, der zwischen Baso (Ma-tsu, gest. 788) und seinem Schüler Hyakujō (Paichang, gest. 814) stattgefunden hat. Hyakujō kam zu seinem zweiten Besuch zu Baso. Als Baso ihn kommen sah, nahm er den HOSSU[2] von seinem Stuhl und zeigte ihn Hyjakujō. Hyakujō sagte daraufhin: »Ist (›es‹) diese Handlung selbst? Oder ist (›es‹) getrennt von dieser Handlung?« Baso sagte nichts. Er legte den HOSSU zurück, von wo er ihn genommen hatte. Er blieb eine Weile sitzen und sprach: »Was würdest Du tun, wenn sich dir jemand näherte und fragte, was das Buddha-Dharma ist?« Hyakujō nahm den HOSSU auf und zeigte ihn Baso. Jetzt fragte Baso: »Getrennt von dieser Handlung?« Hyakujō legte den HOSSU zurück, wohin er gehörte.

»Kwatz,« stieß Baso hervor.

Von diesem Ausruf soll Hyakujō drei Tage lang taub gewesen sein.

»Die Faust, die den Vater schlägt«. Dies ereignete sich, als Rinzai (Lin-chi, gest. 867) zu seinem Meister zurückkehrte, nachdem er bei Daigu (Tai-yü) Satori erlangt hatte. Rinzai ist einer der größten Zen-Meister der Tang-Zeit und die Schule, die seinen Namen trägt, blüht noch heute in Japan. Schon in seiner Jugend widmete er sein ganzes Sein der Meisterschaft des Zen. Vorher schon hatte er die Vinaya-Texte und die buddhistischen philosophischen Werke studiert, aber sie hatten ihn nicht zufriedengestellt. Er kam zu Obaku Kiun (Huang-po Hsi-yün, gest. 850) und blieb drei Jahre lang bei ihm, aber es ereignete sich nichts in ihm. Bokuju (Muchau), ein älteres Mitglied der Bruderschaft, riet ihm, direkt zum Meister zu gehen und zu fragen: »Was ist das Wesentliche der buddhistischen Lehre?« Rinzai befolgte den Rat und ging zu Ōbaku und fragte ihn, wie ihn Bokuju angewiesen hatte. Aber alles, was er vom Meister erhielt, waren Schläge, und er wurde hinausgeworfen. Dies wiederholte sich dreimal, und Rinzai wurde ungeduldig und wünschte, woanders hinzugehen.

Bokuju übermittelte ihm Ōbakus Rat, zu niemand anderem als zu Daigu zu gehen, der imstande sei, ihn zur Erleuchtung zu führen. Der ergebene Rinzai suchte Daigu auf und berichtete ihm, was ihm bei Ōbaku widerfahren war. Daigu sagten: »Ōbaku ist als Meister zu dir wie eine Großmutter. Und du kommst hierher und fragst mich, wo du einen Fehler gemacht hast! Du dummer Kerl!« Diese vorwurfsvolle Bemerkung brachte Rinzai's Geist jäh zur Erleuchtung, und er rief aus: »Schließlich ist doch nicht allzu viel an Ōbakus Lehre!«

Daigu packte ihn und fragte: »Was willst du damit sagen, daß du eine solche Bemerkung machst? Als du zuerst zu mir kamst, wolltest du wissen, wo du einen Fehler gemacht hattest, und jetzt sagst du schamlos: ›Da ist nicht viel an Ōbaku!‹ Wovon sprichst du? Erkläre dich, schnell!«

Rinzai, anstatt ihm eine reale Antwort zu geben, stieß ihn dreimal in die Seite. Daigu ließ ihn jetzt gehen und sagte: »Schließlich ist Ōbaku dein Lehrer und ich habe nichts mit dir zu tun. Pack dich!«

Als Ōbaku Rinzai zurückkommen sah, fragte er: »Was läßt dich so bald zurückkehren?« Rinzai antwortete: »Es ist auf Eure großmütterliche Güte zurückzuführen, daß ich wieder hier bin.« Daraufhin erzählte er ihm alles, was sich zwischen Daigu und ihm ereignet hatte. Nachdem er die Geschichte angehört hatte, rief Ōbaku aus: »Wenn ich diesen Burschen sehe, werde ich ihm sicherlich ein paar ordentliche Schläge ins Gesicht geben.« Rinzai antwortete augenblicklich: »Weshalb so lange warten? Du kannst sie selber haben, in diesem Augenblick!« Indem er dies sagte, verlor Rinzai keine Zeit, seinen Meister zu ohrfeigen.

Aus Beispielen wie diesen kann man ersehen, daß es etwas in Zen gibt, das einen die völlige Unzulänglichkeit von Sprache fühlen läßt. Verbalismus ist Konzeptualismus, und Konzeptualismus bedeutet soviel, wie die Dinge mit Handschuhen anzufassen, was einen stets von der Realität fernhält. Dies ist einer der Gründe, weshalb die Zen-Meister zum Gebrauch des Stocks oder der Faust Zuflucht nehmen. Zen ist nicht zu identifizieren mit einer bloßen psychologischen oder medizinischen Behandlung.

1 »Kwatz« – ein unverständlicher Ausruf der Zen-Meister.

2 Ein Hossu war ursprünglich ein Moskitowedel. Er ist jetzt ein religiöses Abzeichen für einen Zen-Meister oder hohen Kleriker.

29. Der Meister und die Katze

Töte eine, töte alle,
Die Katze ist nicht
Das einzige Objekt.
Laß sie alle einbezogen sein,
Die beiden Obermönche der zwei Schlafsäle
Und sogar Wo, den Altmeister.

Wo (Wang) lautet der Familienname von Nansen Fugwan (Nah-ch'üan Pu-yüan, 748–834), einem der großen Schüler Basos (Matsu). Es wird oft auf ihn als »Wo, der Altmeister« bezug genommen. Sengais Verse von der allgemeinen Schlächterei beziehen sich auf die berühmte Geschichte von der Katze, um deren Besitz sich die Insassen der Schlafsäle im Ost- und Westtrakt von Nansens Kloster stritten. Die Obermönche der beiden Quartiere gingen zum Meister, um die Sache ein für allemal geregelt zu bekommen. Der Meister hielt die Katze vor der Versammlung in die Höhe und sagte: »Wenn einer unter euch ist, Brüder, der ein passendes Wort zu diesem bedeutenden Anlaß sagen kann, so spreche er. Sonst wird die Katze ihr Leben verlieren.« Man erzählt, der Meister habe, als er feststellte, daß niemand dem Anlaß entsprechen konnte, die Katze entzweigeschnitten.

一斬一切斬　奚唯猫児
兩堂首座　及王老師
前扶桑最初禅窟　厓拜画賛

Als am Abend dieses Tages Jōshū (Chao-chou), einer der Haupt-Schüler, zurückkehrte, erzählte ihm Meister Wo von dem Vorfall und fragte ihn, was er wohl getan hätte. Jōshū, der gerade seine Reisesandalen auszog, nahm eine von ihnen, legte sie sich auf den Kopf und ging hinaus. Als er das sah, sagte der Meister: »Schade, daß du nicht bei uns warst, denn du hättest die arme Katze retten können.«

Dies ist eine der interessantesten Geschichten aus den Annalen des Zen. Die Frage ist nicht, wieweit die Legende Elemente der Tatsachen enthält. Was uns der Altmeister hier zu verstehen geben möchte, ist, ob die streitenden Schüler über die Grenzen dualistischer Geistigkeit oder philosophischer Intellektualisierung hinausgehen konnten. Sengai weiß sehr genau, was der Altmeister wollte und hält sich getreu an sein Vorbild, indem er das totale Aufräumen der von den Logikern und Semantikern errichteten baufälligen Hütte vorschlägt.

日本風　寒山拾得　　厓

30. Kanzan und Jittoku

Kanzan und Jittoku im japanischen Stil

Kanzan (Han-shan) und Jittoku (Shi-tê) bilden beliebte Themen der japanischen Zen-Maler und -Dichter, und Sengai war darin keine Ausnahme. Die Geschichte der zwei chinesischen Einsiedler-Poeten steht im Dentoroku (Die Ermittlung der Lampe, pa. 27) und entstand wahrscheinlich im frühen neunten Jahrhundert. Ihre Gedichte wurden in einem Buch mit dem Titel Kanzan-shi oder Sanrai-shu gesammelt, wobei hier die meisten der Gedichte von Kanzan stammen. Die beiden gelten als echte Symbole der unsterblichen Freiheit kreativer Geister.

茶　果
趙州喫茶去　雲門胡餅己
扶桑最初禅窟　厓書

31. Tee und Kuchen

Der Tee wird von Jōshū serviert,
Der Kuchen von Ummon.

Einst besuchten zwei Mönche den Meister Jōshū (Chau-chou, 778–897). Der fragte sie, ob sie schon einmal bei ihm gewesen seien. Der eine Mönch antwortete: »Nein, ich war noch nie da.« Jōshū sagte: »Nimm eine Tasse Tee!«

Der andere Mönch hingegen antwortete: »Ja, ich war schon einmal hier.«

Ihn begrüßte Jōshū auf die gleiche Weise: »Nimm eine Tasse Tee!«

Ein Tempelwächter näherte sich Jōshū und fragte: »Du scheinst die Mönche in gleicher Weise zu behandeln, ob sie nun mit »Ja« oder »Nein« antworten. Warum ist das so, Meister?« Ohne direkt zu antworten, rief Jōshū: »Oh, mein Freund!« Und der Tempelwärter antwortete: »Ja, Meister.« Und Jōshū sagte: »Nimm eine Tasse Tee!«

Ummon (Yün-mên, 864–949), ein anderer chinesischer Zenmeister, wurde einmal gefragt: »Was ist das Thema, worüber alle Buddhas und Patriarchen sprechen?« Das wiegt als Frage allerdings genauso schwer, wie: »Was ist die transzendente Wahrheit, die sich jeder Beschreibung verweigert?« Ummon sagte einfach: »Ein Stück Kuchen!«

Sengai empfiehlt uns, Jōshūs Tee zu trinken und Ummons Kuchen zu essen, wenn wir die Lehren, die von allen Buddhas und Patriarchen erteilt worden sind, erfahren wollen (siehe Abb. 119). Das ist Zen.

點那這心　過現未来
吹滅紙燭　金剛爲灰
厓道者拜画

32. Ryūtan und Tokusan

Welchen Geist willst du hervorheben?
Den vergangenen, den gegenwärtigen
oder den zukünftigen?
Die Kerze ist ausgeblasen
Und der Diamant wird zu Asche.

Die Geschichte hinter dieser Inschrift ist folgende: Als Tokusan (Tê-shan, 779–865) ein Jüngling und noch nicht in Zen eingeweiht war, war er stolz darauf, viele der Vinaya-Texte und der verschiedenen Abhandlungen über die Diamant-Sūtra zu kennen. Als er vom Zen und dessen radikaler Auslegung des Buddhismus hörte, eilte er entschlossen nach Süden, um diese unorthodoxe Lehre des Buddhismus auszurotten.

In einem Teehaus am Wege wollte er eine Erfrischung zu sich nehmen. Auf Chinesisch wird nun eine Mahlzeit dieser Art TIEN-HSIN genannt, was wörtlich soviel wie »Hervorheben des Geistes« heißt. Die alte Wirtin fragte, als sie Tokusan mit seinem Bündel auf dem Rücken sah, was er da bei sich habe. »Seiryōs Kommentare zur Diamant-Sūtra«, antwortete Tokusan stolz. Da sagte die alte Frau: »Ich habe dir eine Frage zu stellen. Wenn du sie zufriedenstellend beantwortest, will ich dir alles umsonst bringen, was du bei mir bestellst; wenn nicht, mußt du für deine Erfrischung anderswohin gehen. Gemäß der Sūtra ist weder der vergangene, noch der gegenwärtige, noch der zukünftige Geist faßbar. Da dies so ist, sage mir bitte, welchen Geist willst du ›hervorheben‹?« Tokusan wußte auf diese Frage keine Antwort und mußte hungrig weiterziehen. Die alte Frau verstand etwas von Zen.

Als Tokusan Ryūtan (Lung-t'an) erreicht hatte, unterwarf er sich einem strengen Zen-Studium unter der Leitung von Sōshin (Ch'ung-hsin), dem Meister von Ryūtan. Als er eines Tages seinem Meister aufwartete, sagte dieser zu ihm: »Es ist spät. Weshalb willst du nicht in dein eigenes Quartier zurückkehren?« Tokusan ging hinaus und sah, daß es bereits dunkel war. »Es ist dunkel«, sagte er zu seinem Meister, der ihm eine brennende Kerze reichte. Aber in dem Augenblick, als Tokusan sie entgegennehmen wollte, blies der Meister sie jäh aus, und Tokusan fand seine Erleuchtung. Sengais Kommentar: »Der Diamant wird zu einem Häufchen Asche« bezieht sich auf diesen Vorfall in Tokusans Leben. Tokusan ist in der Geschichte des Zen dafür bekannt, daß er häufig den Stock schwang. Einer seiner berühmten Sätze lautete: »Ob du nun eine Frage stellst oder nicht, du bekommst dreißig Schläge mit meinem Stock« (siehe Abb. 37).

33. Die weiße Rübe

Weiße Rüben und Zen-Mönche
Sind [beide] am besten, wenn
Sie gut sitzen.

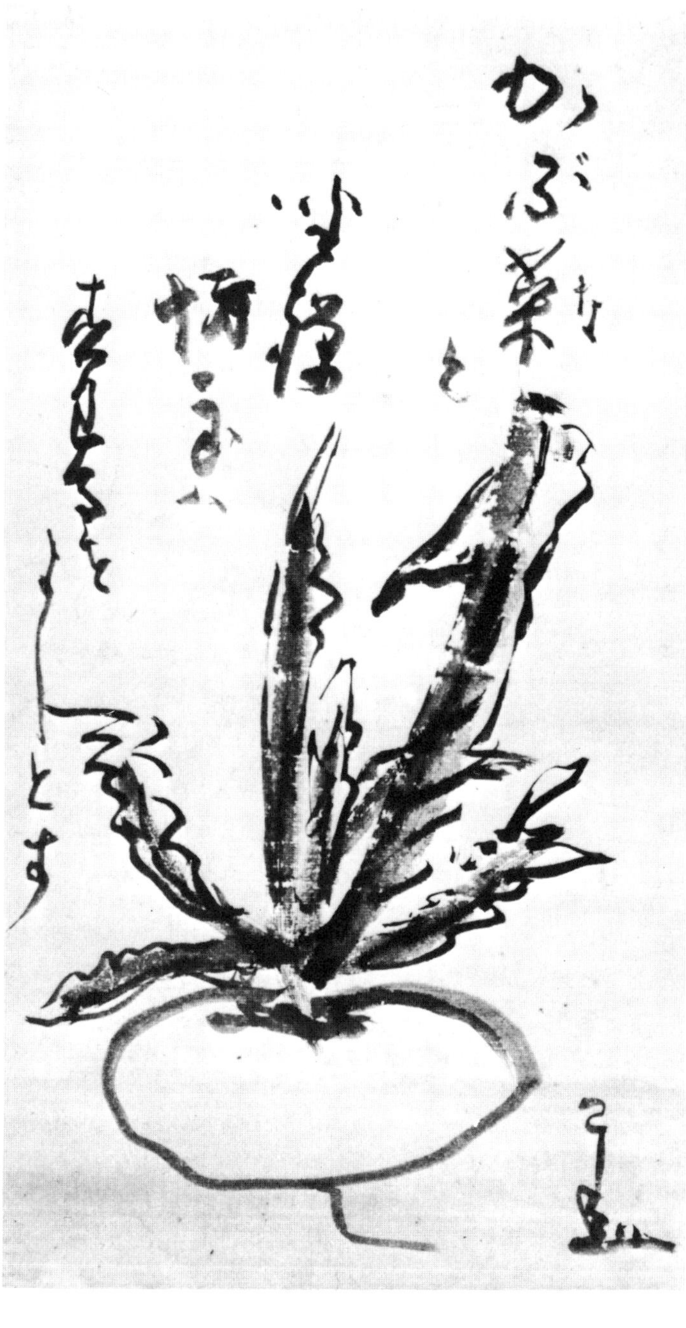

かぶ菜(な)と坐禅坊主ハ
すわるをよしとす　　匡

Weiße Rüben schmecken am besten, wenn sie gerade und etwas flach am Boden gewachsen sind. Zen-Mönche sind zu weiterem Training bestens befähigt, wenn sie gut in der Meditationshaltung mit gekreuzten Beinen sitzen.

千寺らへて法の華問鶯
木末擇てなき渡る哉　匡

34. Der reisende Mönch

Fliegend von Tempel zu Tempel,
Fragend nach dem blühenden Kern des Dharma,
Oh, Nachtigall!
Du weißt, welchen Zweig du wählen mußt
Und singst weiter dein Lied.

Die Nachtigall, sagt man in Japan, singt HO-HOKKE-KYO, HO-HOKKE-KYO! Dies ist der Titel eines der bedeutendsten Mahayāna-Sūtras, welche das grundlegende Dharma, die Wahrheit, auslegt. HO ist das Dharma, KO die Blume und KYO das Sūtra. Vollständig heißt es MYŌHŌ-RENGEKYŌ (SADDHARMA-PUNDARĪKA-SŪTRA auf Sanskrit). Es ist auch bekannt als LOTUS-SŪTRA. Der Pilger wird hier mit der Nachtigall verglichen.

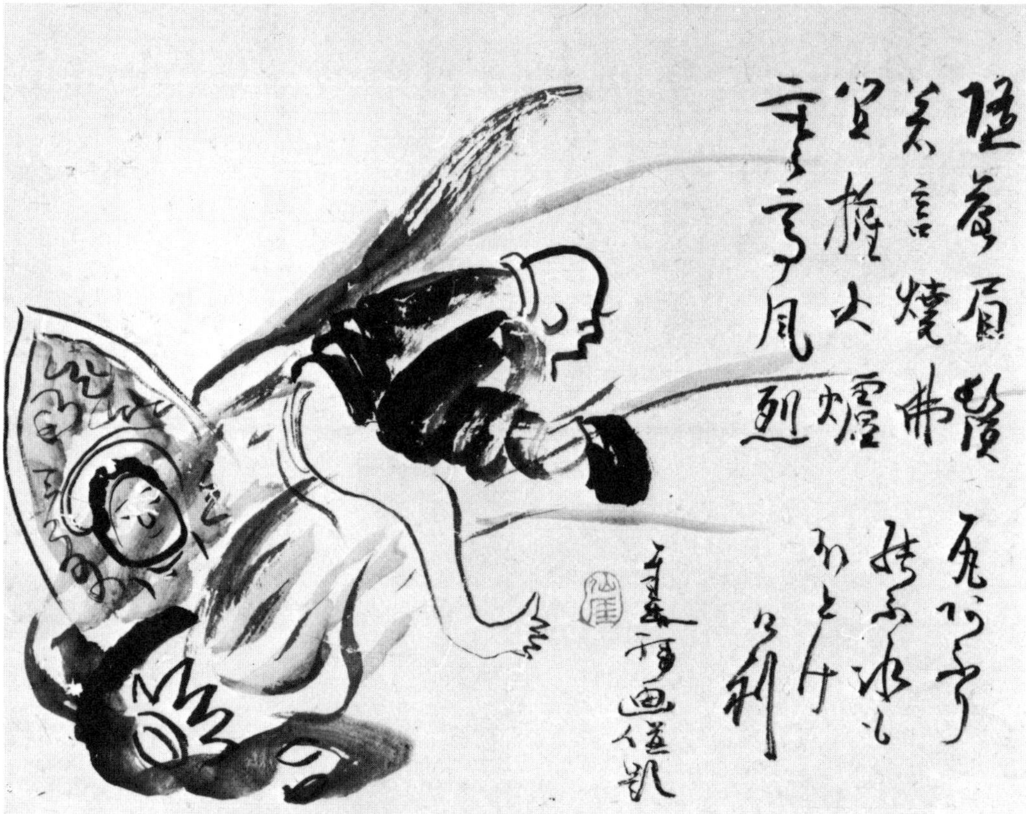

寒高風烈　宜擁火爐
若言焼佛　堕落眉鬚
尻阿ふり結ふ氷もほとけ々利
厓拜画併題

35. Tanka verbrennt das Buddha-Bild

Der Wind ist rauh und die Kälte durchdringend,
Das Feuer im Herd muß geschürt werden.
Wenn du dies »den Buddha verbrennen« nennst,
Wirst du deine Augenbrauen und
Deinen Bart abfallen sehen.
Der Zuber ist jetzt angewärmt,
Das harte Eis schmilzt.
Hier ist der Buddha (HOTOKE).

Dies ist die Geschichte des Zen-Mönchs Tanka Tennen (Tan-hsia T'ien-jan, 739–824), der eines Abends im Erinji-Tempel in der Hauptstadt weilte. Da es bitterkalt war, nahm er eine hölzerne Buddha-Figur vom Altar und zündete sich damit ein Feuer an. Als der Tempeldiener davon erfuhr, rief er aus: »Weshalb hast du etwas so Unerhörtes getan?« Tanka antwortete ruhig: »Ich wollte die SARĪRA einsammeln!« SARĪRA sind die Aschereste eines eingeäscherten Buddhas oder eines heiligen Mannes, oft in der Form von Knochen oder eines Kieselstein-ähnlichen Stoffs. »Wie absurd ist der Versuch, SARĪRA zu finden, indem man eine hölzerne Figur verbrennt«, sagte der Tempeldiener. Darauf erwiderte Tanka: »Wenn das so ist, kann ich dann nicht noch eine haben, um sie zu verbrennen?«

Dieses offenbar schreckliche und gotteslästerliche Betragen Tankas hat ihm weder körperlich noch seelisch geschadet, während dem Tempeldiener angeblich zur Strafe sein Bart und seine Augenbrauen abfielen. Das Abfallen des Bartes wird in Japan im Allgemeinen als eine Art geistiger Bestrafung angesehen.

Sengai treibt in diesem japanischen Vers ein Wortspiel mit dem Wort HOTOKE, das sowohl »Buddha« bedeuten kann als auch »schmelzen«, »befreien« oder »frei von Bindungen sein«. Tanka, ein freier Mann, ist selbst ein Buddha, und was kann schon gestraft werden, wenn ein Buddha einen anderen Buddha verbrennt, der in Tankas Fall nichts weiter als eine Holzfigur war?

一箇魁芋
十年猶嗅
匡

36. Der Taro backende Mönch

Eine große Taroknolle –
Der Geruch hält zehn Jahre.

Der Mönch hier ist Ran-tsan (Tsan der Faule) und die Geschichte handelt von dem Gespräch, das er mit einem kaiserlichen Boten führte. Sein wirklicher Name war Myōsan (Ming-tsan), aber seine Mit-Mönche nannten ihn »Tsan den Faulen«, denn er nahm es mit den Kleinigkeiten des täglichen Lebens nicht so genau, weil sein Geist zu sehr von transzendenten Dingen absorbiert war. Lan-tsan's Tugend der Nach-Weltlichkeit hatte sich so weit herumgesprochen, daß das Gerücht davon schließlich bis zu Kaiser Tokusō (Tê-tsung, reg. 779–805) aus der Tang-dynastie gedrungen war. Er sandte einen Boten, der Ran-tsan an seinen Hof bringen sollte.

Der Bote traf ihn an, als er gerade eine Taroknolle in einem Feuer aus trockenem Kuhmist buk. Der Mönch beachtete den kaiserlichen Würdenträger, der den Grund seines Besuchs genannt hatte, nicht weiter. Als Ran-tsan seine Speise aus der Asche zog, bemerkte der Bote dessen rinnende Nase. Er machte ihn darauf aufmerksam und empfahl ihm, sich die Nase zu putzen. Da antwortete Ran-tsan: »Wie könnte ich Zeit finden, mich selbst zu unterbrechen, nur um der Laune eines Laien zu gefallen?«

Der Bote kehrte an den Hof zurück und berichtete seinen Mißerfolg mit dem Einsiedlermönch. Dies steigerte jedoch nur die Achtung des Kaisers vor dem faulen Tsan.

Lan-Tsan's einfaches Gemüt, seine Hingabe an ein Leben des Tao, in dem weltlicher Ruhm weniger als nichts bedeutet – das ist der Geruch seines Taro-Röstens, dessen frommer Duft sich durch die Jahrhunderte und für alle Zeiten verbreitet.

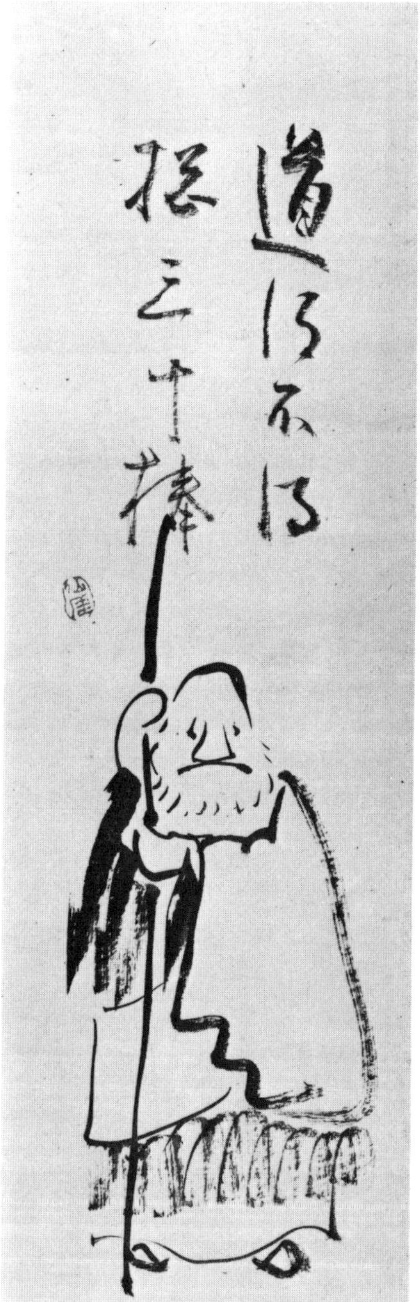

道得不得　総三十棒

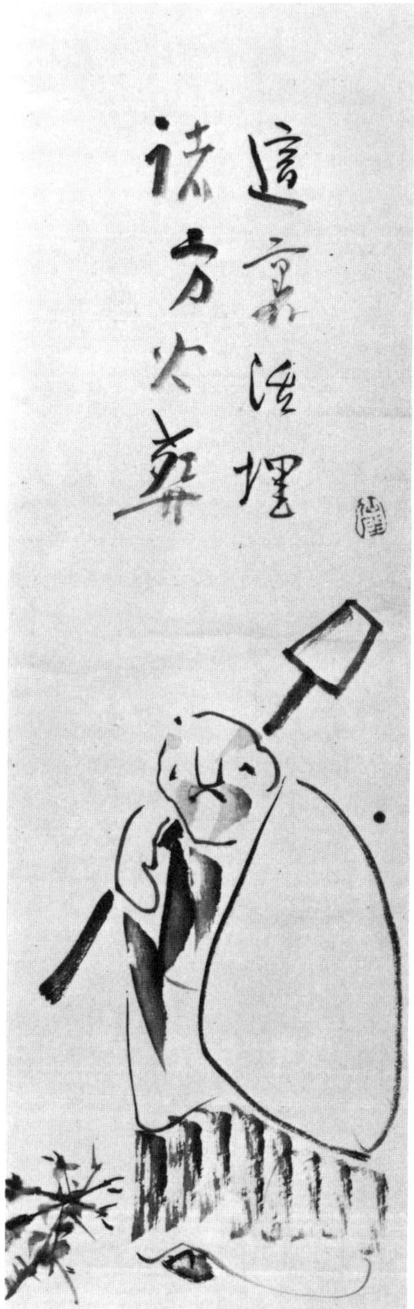

諸方火葬　這裏活埋

37. Tokusan und Rinzai

Dies sind zwei große Zen-Meister der Tang-Dynastie in China. Tokusan (Tê-shan, 779–865), den wir links sehen, war bekannt für den recht freigebigen Gebrauch seines Stockes, während Rinzai (Lin-chi, gest. 866) gewohnt war, den unverständlichen Ausruf »Kwatz!« auszustoßen, wann immer sich ihm ein Mönch mit einer Frage näherte. In diesem Bild wird Tokusan wie üblich mit dem Stock und seinem Lieblingsspruch dargestellt:

Ob du sprichst oder ob du nicht sprichst:
Dreißig Schläge mit meinem Stock
Auf jeden Fall!

Seine Absicht ist, Widerspruch, Opposition, jeglichen Dualismus zu transzendieren, indem man ihn identifiziert. Dies ist logisch unmöglich, aber Tokusan würde sagen, daß wir das in unserem täglichen Leben schon verwirklichen. Zen ist die Kunst, uns diese Tatsache oder Wahrheit durch wirkliche Erfahrung bewußt zu machen. Tokusan ist ein Alt-Zenmeister; sein Stock hat nichts zu tun mit Schockbehandlung geisteskranker Patienten, wie es sich moderne Leser oft vorstellen. Er will damit die ton-empfänglichen Wahrheitssucher zum Zustand geistigen Selbstbewußtseins erwecken.

Rinzai (rechts) stößt sein »Kwatz!« aus, wie Tokusan seinen Stock gebraucht. Hier trägt er einen Spaten. Rinzai befand sich an einem gewöhnlichen Arbeitstag mit den anderen draußen, um den Boden umzugraben. Als er seinen Meister Ōbaku sich nähern sah, stand er auf und lehnte sich auf seinen Spaten. Ōbaku fragte: »Ist dieser Bursche müde?« Rinzai antwortete: »Der Spaten ist noch nicht gebraucht worden, wie könnte er müde sein?« Ōbaku versetzte ihm einen Schlag. Da packte Rinzai den Stock des Meisters und stieß ihn damit zu Boden. Dann rief er dem beaufsichtigenden Mönch zu, er möge Ōbaku aufhelfen. Während der Mönch das tat, fragte er: »Weshalb erlaubt Ihr diesem Verrückten, Euch so roh zu behandeln«, worauf nun Ōbaku dem Aufseher einen Schlag versetzte. Rinzai bemerkte, als er die Erde umgrub:

An allen anderen Orten werden sie verbrannt,
Hier begraben wir lebendig!

Die Methode der Zen-Schulung ist einzigartig und hat in der Welt der geistigen Übungen keine Parallele. Sie ist äußerst drastisch: Es gibt da kein halbes Töten. Das Töten muß so vollständig sein, daß eine Wiedergeburt stattfinden wird; der Halbtote kann niemals wiedererweckt werden. Die Kreuzigung muß vollständig sein, sonst wird Christus nie wieder auferstehen und das Paradies wird nie wiedergewonnen werden. Rinzai weiß dies alles aus eigener Erfahrung; daher sein Ausspruch.

古人刻苦　我目如眉
若言臨済出常情
猶是脳門欠一錐
厓杜多拜画併題

38. Jimin und die Nadel

Der alte Meister schulte sich selbst erbarmungslos.
Meine Augen sind wie die Augenbrauen.
Er mag sagen: »Rinzai geht über das normale Verstehen hinaus«,
Aber [ich behaupte, daß Jimin] immer noch einen durchdringenden Stich
mit der Nadel in sein Gehirn braucht.

Jimin (Tzu-ming, 987–1040) war einer der großen chinesischen Zenmeister der frühen Sungzeit. Während er sich dem Zenstudium unterwarf, benützte er öfters eine Nadel, um sich damit in den Oberschenkel zu stechen, um das schläfrige Gefühl während der Zen-Meditation (ZAZEN) zu bekämpfen. Als er endlich Erleuchtung erlangte, sagte er: »Nun weiß ich, daß Rinzai über das gewöhnliche Verständnis hinausgeht.«

Sengai möchte uns warnen, daß, obgleich Jimin von »über das Gewöhnliche hinaus« spricht, schließlich doch nichts Außergewöhnliches an Zen ist. Wenn ich müde bin, schlafe ich, wenn ich hungrig bin, esse ich. Sind diese Handlungen nicht höchst wunderbar und höchst normal zugleich? Sengai sagt: Wir sollen mit beiden Füßen fest auf dem Boden stehen. Die letzte Zeile lenkt in der typischen Weise des Zen unsere Aufmerksamkeit auf diesen Punkt. Die Bedeutung der zweiten Zeile ist nicht ganz klar.

詩向會人吟　酒逢知己呑

39. Kanzan und Jittoku

Gedichte sollte man denen vorlesen, die sie verstehen,
Während Sake mit dem getrunken werden soll, der einen kennt.

Die zwei guten Freunde Kanzan (Han-shan) und Jittoku (Shi-tê) lebten wahrscheinlich im frühen neunten Jahrhundert in China. Kanzan war ein bedeutender Einsiedler-Dichter, der nahe beim Tempel wohnte, in dem Jittoku lebte und arbeitete. Kanzan wird oft aus seiner Klause herausgekommen sein, um Jittoku seine Gedichte vorzulesen, der sie von Herzen zu würdigen verstand. Kanzan hält ein Rollbild mit seinen Gedichten von den Bergen in der Hand, der Besen gehört Jittoku.

坐禪して人か佛になるならハ　厓

40. Der meditierende Frosch

Wenn ein Mensch ein Buddha wird nur durch die Übung des ZAZEN . . .
[Dann sollte ich als Frosch schon seit langem sein.]

ZAZEN bedeutet »in Meditation sitzen«. Der Frosch scheint sich immer in dieser Stellung zu befinden, wenn wir ihn im Garten sehen. Wenn allein die Meditationsstellung Zen ausmacht, muß das Erreichen der Buddhaschaft dem Frosch garantiert sein. Aber Zen ist nicht bloßes Sitzen, es muß ein Erwachen im Unbewußtsein stattfinden. Dieses Erwachen wird SATORI genannt, was vielleicht dem »unschuldigen Wissen« der christlichen Theologie entspricht.

Chi-ch'êng war ein begeisterter Anhänger der Meditation, bevor er ein Schüler von Hui-neng, dem sechsten Patriarchen (gest. 713), wurde. Er verbrachte viele Stunden am Tag und während der Nacht in dieser Stellung. Hui-nêng bemerkte dies und warnte ihn vor der Nutzlosigkeit des ausschließlichen »langen Sitzens«. Zen, sagte er, besteht nicht aus ruhiger Meditation über den Geist; das könnte zu einer Krankheit werden und sei nicht der Weg, um PRAJÑĀ, das transzendente Wissen, zu erwecken.

Wenn ein Mensch geboren ist, sitzt er;
Wenn er tot ist, liegt er.
Oh, dieser übelriechende Haufen von Gebeinen!
Sitzen oder Liegen –
Was bedeutet das für dich?
Der Körper entsteht und vergeht,
Die ursprüngliche Natur bleibt immer die gleiche.

戴逹何スルカ　コトワリ～

41. Tai-ki und seine Laute

Was tut Tai-ki?
Er zerschmettert seine Laute.

Tai-ki (Tai-K'ua oder Tai-Antao) lebte in der zweiten Hälfte des vierten Jahrhunderts in China. Er war berühmt für seine Gelehrsamkeit und seine künstlerischen Talente, insbesondere für sein Lautenspiel. Der König wünschte ihn als einen seiner Hofmusikanten um sich zu haben und sandte einen Boten zu ihm. Doch Tai-ki lehnte die Einladung ab und sagte, seine Kunst sei nicht zum Vergnügen des Königshofes gedacht. Man erzählt, er habe sein Instrument vor dem königlichen Boten zerschlagen. Die Einladung wurde später wiederholt, aber Tai-ki beharrte auf seiner Weigerung, ihr Folge zu leisten.

In den zwei Gedichtzeilen steckt ein Wortspiel. KOTO ist eine Laute; WARI bedeutet »brechen«; KOTOWARI in einem Wort bedeutet »natürlich«, »richtig«, »korrekt« oder »wie es sein sollte«. Die Aussage des Gedichts ist, daß es völlig gerechtfertigt, wenn auch anscheinend verrückt war, daß der Musiker sein Lieblingsinstrument zerstörte, weil er keine, seinem Genie zugefügte Beleidigung vertragen konnte. Tai-ki hatte recht, auf ein Talent stolz zu sein, das einem geistigen Wert geweiht war und nicht durch den »plumpen Daumen der Welt« entweiht werden sollte.

42. Kyōgen kehrt den Boden

Ein Schlag ließ ihn seine Gelehrsamkeit
vergessen.
Was für eine Art von Geräusch war das?
Ein Ziegelstein verwandelte sich
augenblicklich in Gold.

Kyōgen (Hsiang-Yen), ein Zenmönch aus China, war ein Schüler von Isan (Wei-shan, 771–853). Er liebte es, von den Äußerungen seines Meisters Notizen und auch Auszüge aus den Schriften zu machen. Eines Tages entdeckte er, daß alle Aufzeichnungen und Kenntnisse, die er gesammelt hatte, ihm am Ende doch keinen Nutzen zum wirklichen Verständnis des Zen brachten. Er verbrannte sie, und da er so enttäuscht war über seine Unfähigkeit, Einsicht in die Realität (SATORI) zu erlangen, beschloß er, nicht länger mit diesem Bestreben fortzufahren. Er zog sich in einen Tempel auf dem Land zurück, wo er sich der Pflege des Grabs eines Meisters widmete. Als er eines Tages den Boden fegte, geschah es, daß ein Stein, den er mit seinem Besen weggefegt hatte, einen Bambus in der Nähe traf. Das Geräusch, das er hervorgerufen hatte, erweckte seinen Geist zum Zustand der Erleuchtung. Er verfaßte ein Gedicht, in welchem auf diesen Einschlag Bezug genommen wird.

Sengai fragt nur: »Was für eine Art Geräusch war es, das Kyōgen zur Erleuchtung kommen ließ?« Die Antwort gibt er in der letzten Zeile.

一撃忘知　作什麼音
直以瓦礫　轉為黃金
厓拜画賛

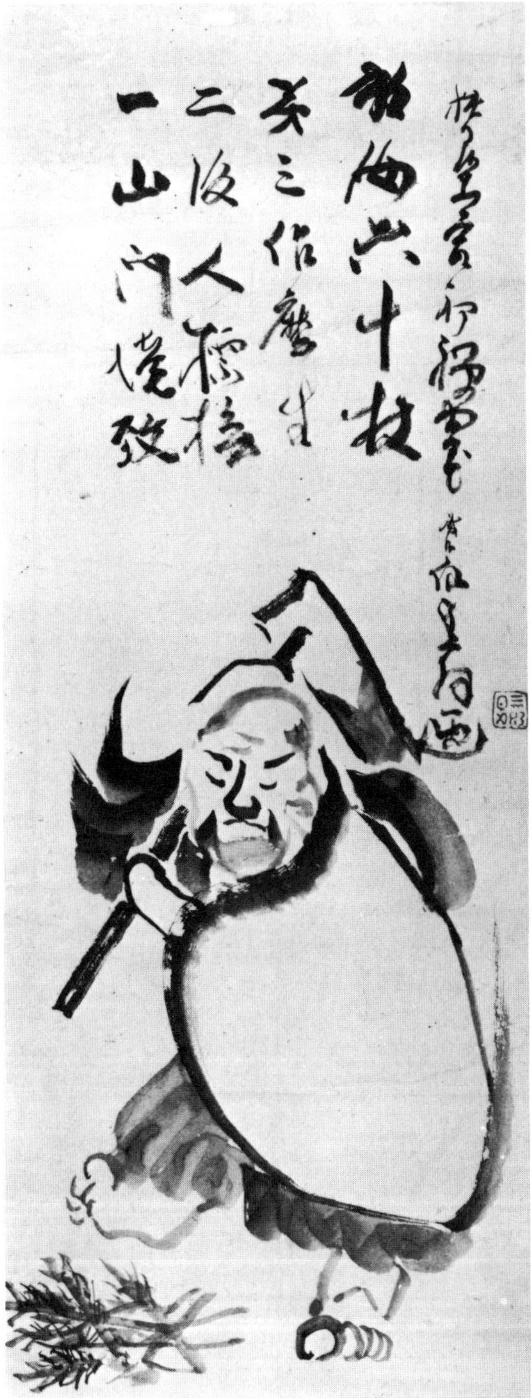

一山門境致　二後人標榜
第三作麼生　放汝六十杖
扶桑最初禅窟　梵仙屋拜画

43. Rinzai und die Pinienbäume

Der erste soll die Tempelanlagen verschönern,
Der zweite soll der Nachwelt eine Lehre hinterlassen.
Wozu dient der dritte?
[Du wurdest bewahrt] vor sechzig Hieben mit meinem Stock.

Das Gedicht bezieht sich auf ein Gespräch Rinzais mit seinem Lehrer Ōbaku (Huang-po, gest. 850), als Rinzai (Lin-chi, gest. 866) gerade einige Pinienbäume pflanzte. Ōbaku fragte: »Was hat das für einen Sinn, Pinienbäume in diesen abgelegenen Bergen zu pflanzen, so weit weg vom Dorf?» Rinzai antwortete: »Erstens, um das Tempelgelände zu verschönern, zweitens, um der Nachwelt eine Lektion zu hinterlassen.« Indem er das sagte, schlug Rinzai dreimal mit seinem Spaten auf die Erde. Ōbaku erwiderte: »Trotzdem hast du bereits dreißig Hiebe mit meinem Stock bekommen.« Rinzai schlug wieder dreimal mit der Spitze des Spatens auf den Boden und holte tief Atem. Da sagte Ōbaku: »Unsere Schule geht mit dir sicherlich einer blühenden Zukunft entgegen.«

猫乎虎乎
將和唐内乎

是何曰龍
人大笑吾亦大咲

44. Tiger und Drache

[LINKS]
Eine Katze?
Ein Tiger?
Oder Watōnai?

[RECHTS]
Was ist das?
Wenn du es einen Drachen nennst
Lachen die Leute herzlich,
Und ich stimme mit ein.

Watōnai ist eine bekannte Figur aus einem Drama des berühmten japanischen Dramatikers Chikamatsu Monzaemon (1653–1724). Watōnai jagte einst mit einer Abteilung Soldaten einen Tiger in China. Anstatt den Tiger zu töten, zähmte er ihn jedoch und wird daher öfters mit diesem Tier assoziiert.

Der Tiger und der Drache sind beides Symbole von Macht und Energie, der Drache steht aber auch für die kaiserliche Würde und gilt als Glückszeichen. In dieser Bedeutung wird er häufig von einem Phoenix begleitet, wobei man vom Drachen sagt, er fliege, und vom Phoenix, daß er tanzt. Im Allgemeinen jedoch wird der Drache mit den Wolken verbunden und der Tiger mit einem Bambushain. »Der Gang des Drachen« und der »Schritt des Tigers« sind Umschreibungen für die Darstellung von Macht und Autorität.

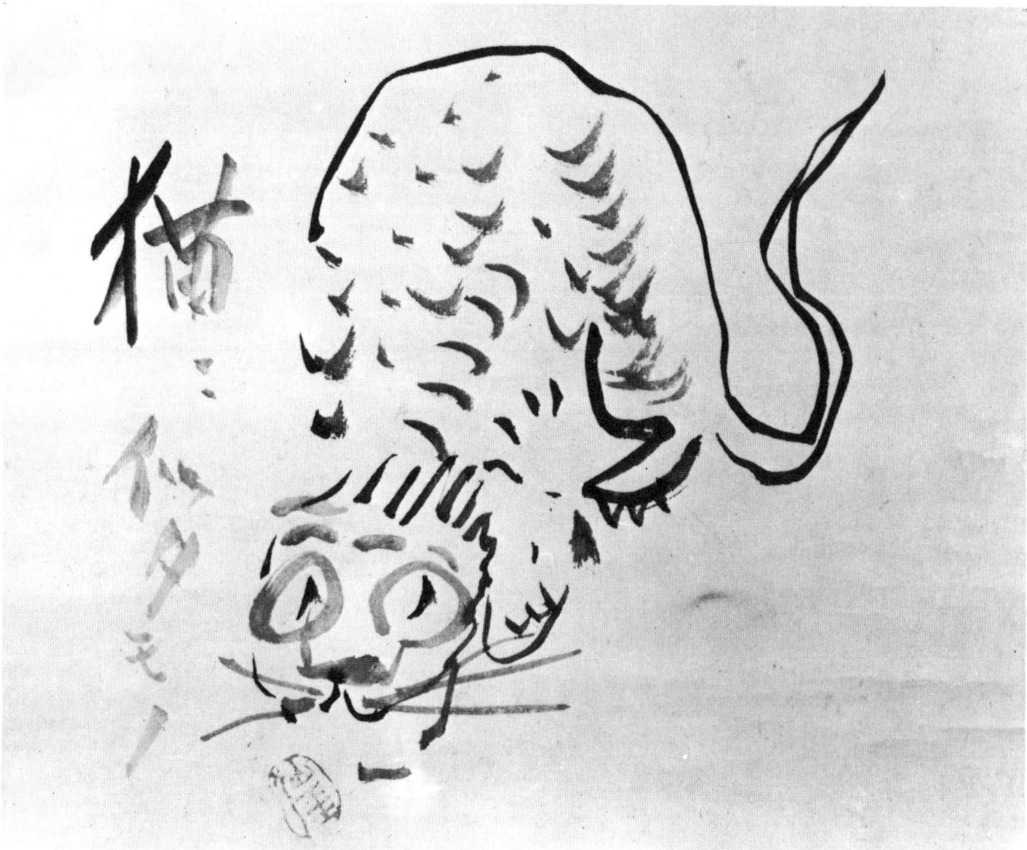

猫ニ似タモノ

45. Der Tiger

Etwas, das einer Katze ähnelt

Es ist anzunehmen, daß Sengai niemals, außer auf Bildern, einen Tiger gesehen hat, da dieser in Japan nicht heimisch ist. Also konnte er nichts besseres tun, als sich an die Überlieferung zu halten, daß dieses Tier einer Katze ähnlich sehe.

なに咲ふ契りわぬ雲和朝夕に
越ゆるもやすし谷の岩橋

46. Die drei lachenden Weisen von Kokei

Weshalb lachen sie?
Die Wolken, die nichts versprechen,
Ziehen über die Brücke am Berg,
Morgens und abends,
In äußerster Unabhängigkeit!

Die drei heiteren Weisen hier sind Eon (Hui-Yüan, 332–417), der große Buddhist, der als erster die Lehre der Reines-Land-Schule verkündete; Tō Emmei (Tao Yüan-ming, 365–427), ein konfuzianischer Gelehrter und Dichter; und Riku Shūsei (Lu Hsiu-ching, 406–477), ein Taoist.

Die Legende berichtet folgendes: Der Buddhist Eon hatte die Angewohnheit, seine Gäste zum Abschied den Gebirgspfad hinunter nur bis zur Brücke von Kokei (Hu-ch'i), dem Tigerfluß, zu begleiten, und nicht weiter. Eines Tages besuchten ihn der Konfuzianer und der Taoist in seinem Tempel Tōrinji (Tung-lin-ssŭ). Wie üblich begleitete Eon sie den Berg hinunter. Er hatte jedoch so große Freude an ihrer Gesellschaft, daß er beinahe sein Gelübde, nicht weiter zu gehen, vergessen hätte, wenn nicht rechtzeitig ein Tiger gebrüllt hätte, um ihn zu warnen. Alle brachen in herzliches Gelächter aus.

Sengai stellt hier Eons selbstauferlegte Regeln den Wolken gegenüber, die frei von allen Beschränkungen absichtslos ihrer Wege ziehen.

47. Der Tiger

Ein Gebrüll –
Und der tobende Wind.

一嘯風烈　　匡

48. Bambus

[LINKS]

Wermut, der zwischen dem Hanf wächst, richtet sich von alleine auf;
Der weiße Sand im schlammigen Sumpf nimmt die dunkle Farbe des Mooses an.

[RECHTS]

Der alte Tiger, der aus den Nan-shan-Bergen hervorkommt.

Wenn der alte Tiger aus den südlichen Bergen herauskommt, bringt er den Wind mit sich. Der Bambus bedeutet seine Nähe

蓬生麻中
不扶自直
白沙在泥中
與之皆黑

老虎出南山

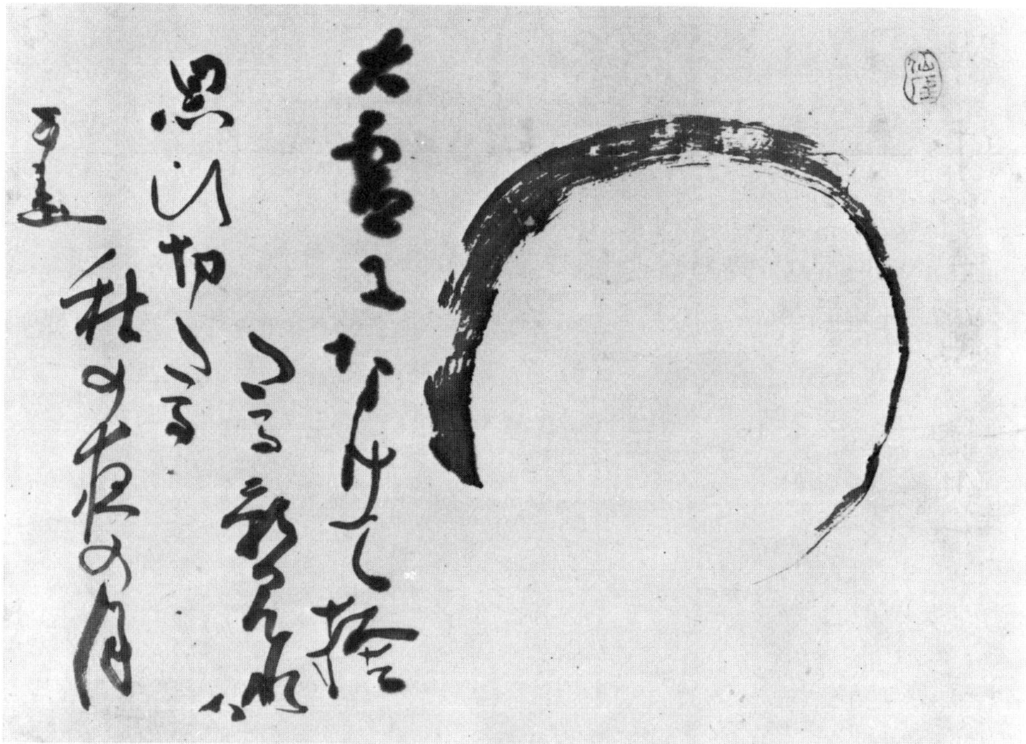

大虚になけて拾たる影見れハ
思い切たる秋の夜の月　　　匡

49. Der Mond

Wenn ich den Schatten [der Realität] sehe,
in die Leere des Raumes geworfen –
Wie kühn gezeichnet
Steht der Mond in
Der herbstlichen Nacht!

Wenn das Ich in die Leere des Nichts geworfen, oder besser: Wenn das Ich mit der absoluten Leerheit (SUNYATA) identifiziert wird, wie frei, wie unbehindert, wie weitumfassend fühlt man sich dann! Der herbstliche Mond symbolisiert den Geisteszustand, in dem man sich dann befindet. Es ist der »Mond der So-heit«, von dem die buddhistischen Dichter so oft sprechen und den Sengai versucht hat, für uns darzustellen.

Das japanische Wort für »kühn« ist OMOI KITTARU, was »lebhaft«, »vital« und »dynamisch« bedeutet. OMOI bedeutet »Gedanke«, »Denken«, »Befreiung«, »Überlegung« etc. KIRU, die Wurzel von KITTARU, heißt »schneiden«. OMOI KITTARU bedeutet somit, ohne Furcht vor Konsequenzen alle Überlegungen radikal wegzuwerfen. Indem Sengai diesen Ausdruck in Beziehung zum herbstlichen Mond bringt, dessen ganzes Sein die Klarheit selbst ist, die sich uns bereitwillig in ihrer höchsten Fülle darbietet, gibt er seinem eigenen Geist freien Lauf, der, wie die Chinesen sagen, »in seinen acht Phasen (oder Facetten) durch und durch transparent ist«.

50. Die Affen und der Mond

Womit soll unser Leben verglichen werden?
Es gleicht dem Affen, der zu greifen versucht
[nach dem im Wasser sich spiegelnden Mond]:
Wenn ein Arm ausgestreckt wird,
Muß der andere zurückgezogen werden.
[So bestimmt das Gesetz der Relativität unser Leben hie
auf Erden. Du kannst nicht alles haben, was dein gierige
Geist wünscht oder verlangt.]

世の中をなにゝ喩へん猿猴の
かた手申ふれハかた手短かし

Dieses Bild wird im allgemeinen so verstanden, daß es die Dummheit des Affen zeigt, der versucht, den im Wasser sich spiegelnden Mond zu greifen. Sengai gibt hier seine eigene Auslegung.

目を推せハ二ツ出て来る秋の月

51. Illusion

Drücke auf deine Augäpfel –
Oho!
Zwei Herbstmonde!

Ein leichter Druck der Finger auf den Augapfel läßt uns doppelt sehen. Der Herbstmond mit seinem makellosen Licht symbolisiert den Mond der So-heit oder der Realität. Wie klar und hell aber der Mond auch leuchtet, ein gestörter Blick wird immer einen falschen Eindruck von ihm erhalten.

かにやかに世を難波津と思ふ哉
よしも阿しをも横行する　　厓

52. Die Krabbe

Oh Krabbe, oh Krabbe!
Du scheinst zu denken,
Die Welt sei wie das Marschland von Naniwa.
Ungebunden wanderst du durch das Schilf
[Gut und Böse].

Schilf wird an einigen Orten YOSHI, an anderen ASHI genannt. YOSHI bedeutet »gut« und ASHI »schlecht«, obgleich diese moralischen Begriffe nichts mit dem Namen der Pflanze zu tun haben. Sengai benutzt die doppelte Bedeutung der Worte. Er vergleicht diese Welt, in der Gut und Böse untrennbar vermischt sind, mit dem Marschland des Schilfs YOSHI und ASHI. Die Krabbe wird mit einem Erleuchteten verglichen, dessen Blick, während er in dieser Welt steht, dem transzendenten Reich des absolut Guten zugewandt bleibt.

NANIWA bezieht sich auf den alten Sitz der Stadt Osaka. Die Ideogramme können aber auch als »diese schwierige Welt« oder »diese Welt des Wandels« gelesen werden.

よし阿しハ目口鼻から出るものか

53. Der Schädel

Gut und Böse –
Kommen sie
aus Augen, Mund und Nase?

Moderne buddhistische Philosophen würden sagen: Nicht nur aus den fünf Sinnen, sondern auch aus dem Intellekt (ANOVIJÑĀNA). Ich weiß nicht, weshalb uns gerade fünf Sinne verliehen worden sind und nicht mehr oder weniger. Hätten wir sechs, sieben oder acht Sinne, wäre die Welt, wie wir sie jetzt haben, ein sehr andersartiges Feld unserer Erfahrungen. Der Hauptvorteil wie auch der Nachteil des Intellektes besteht darin, daß er nur Unterscheidungen macht und nicht weiter geht. Er geht weder über sich selbst hinaus, noch sinkt er in sich selbst zurück. Er hängt in seiner Tätigkeit von den Sinnen ab, und es gibt nichts für ihn außerhalb der Welt der Sinne. Er verfehlt somit den wirklichen Wert des Lebens, welches zwar Gebrauch von den

Sinnen macht, jedoch nicht in ihnen enthalten ist. Der Intellekt ist der verlorene Sohn, der seine ursprüngliche Heimat vergessen hat. Man muß ihn darauf aufmerksam machen und ihm sagen, daß er dorthin zurückkehren sollte. Wo aber ist diese ursprüngliche Heimat? Sengai stellt sie hier als einen Schädel dar.

YOSHI und ASHI ist ein Wortspiel; beides bedeutet »Schilfrohr«. In gewissen Gegenden nennt man es YOSHI, während es in anderen ASHI heißt. YOSHI jedoch bedeutet auch »gut« und ASHI »böse«. YOSHI und ASHI beziehen sich somit auf dieselbe Pflanze, die aus dem Schädel sprießt; doch wenn zwei Leute aus zwei verschiedenen Orten sie sehen, widersprechen sie sich, soweit es die Namen betrifft. Unsere moralische Wertgebung ist in einem gewissen Sinne eine Frage der Benennung, bedingt durch Zeit und Raum und unterschieden durch den Intellekt. Das Problem der Sünde entsteht, wenn Namensgebung oder Wissen entstehen; dann geht Eden verloren. In Eden gab es keine Frage von Gut oder Böse; alles, was wir sahen oder taten, war gut. Wissen unterscheidet, und Unterscheidung ist Sünde. Was wir nunmehr benötigen, ist unschuldiges Wissen: Wissen, das sich selbst nicht weiß und sich transzendiert.

Sengais Schädel ist also das ursprüngliche Heim, aus dem die Pflanzen üppig, manchmal »gut« (YOSHI), manchmal »böse« (ASHI) hervorsprießen. Wenn der Intellekt und die Sinne nicht vor ihrer gemeinsamen Tätigkeit gewarnt werden, wird der Schädel zu ihrer eigenen Vernichtung bersten.

Der Schädel erinnert an eine der Allegorien Chuang-tzus über das Chaos (KONTON). Die Götter, die soeben die Schöpfung einer neuen Welt beendet hatten, dachten: »Viel schulden wir unserm Freund Chaos, ohne dessen stille und unaufdringliche Hilfe wir unser Ziel nicht hätten erreichen können. Laßt ihn uns für diese Hilfe entlohnen und ihm unsere Dankbarkeit für seine unschätzbare Mitarbeit bezeugen.« Nach langem Überlegen entschieden sie, Chaos alle Sinne, deren sie sich selber erfreuten, als Gegengabe für seine Hilfe zu schenken. Einer nach dem andern versah ihn mit den Sinnen, doch als sie sich zu der großartigen Ausführung gratulierten, starb Chaos.

Als Gut und Böse unterschieden wurden, begann die Welt des Wissens; oder, als das Wissen zu wirken begann, konnte die Welt in Gut und Böse unterschieden werden. Jede Art, es zu sehen, ist passend. Als wir uns noch in Eden befanden, wo Unschuld herrschte, wußten wir nicht, wo wir uns befanden – wir waren praktisch nicht-existent. Jetzt wissen wir, daß das, was Eden bedeutete, nicht mehr mit uns ist, und sehnen uns danach. Nun ist die Frage: Werden wir das Paradies jemals wiedergewinnen? Sengai lehrt uns an anderer Stelle:

Eben weil [wir leben]
Inmitten von Gut und Böse –
Dieser kühle Wind am Abend!

Es ist das Vorrecht des Menschen, Gutes von Bösem zu unterscheiden, und gerade wegen dieser Unterscheidung sind wir imstande, beides zu transzendieren und in einer Welt der Unschuld zu leben. Ich muß mich wiederholen und sagen, daß Transzendenz nicht »absinken«, »hinter sich lassen« noch »nicht beachten« oder »gleichgültig sein« bedeutet, und daß der »kühle Abendwind« nicht in der Leere genossen werden kann. Eden und die Saha-Welt[1] sind koexistent. Das Paradies ist nicht etwas, das wiederzugewinnen, sondern wiederzuerkennen ist.

1 Saha-Welt: die endliche Welt der Ausdauer und Geduld

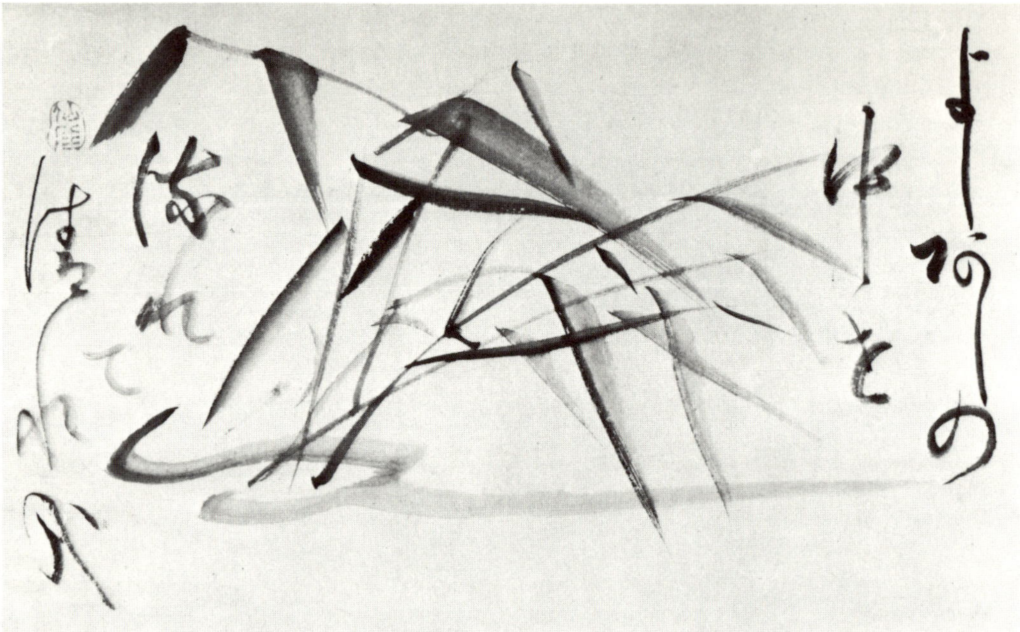

よし阿しの中を流れて清水哉

54. Schilf

Mitten durch das Schilf [Gut und Böse]
Fließt
Das reine Quellwasser.

Schilf ist in einigen Gegenden als YOSHI (gut), in anderen als ASHI (böse) bekannt. »Mitten im Schilf« bedeutet daher: »Wo Gut und Böse sich verwirrend behaupten« – mit anderen Worten: unsere Welt. »Das reine Quellwasser« ist der erleuchtete Mensch, der weder von Gut noch Böse befleckt ist.

55. Im Schilf

Gerade weil
wir Mitten im
Guten und Bösen [Schilf] leben,
Erfreut uns der kühle Abendwind.

よし阿しの中にこそ阿れ
夕納涼　　　匡

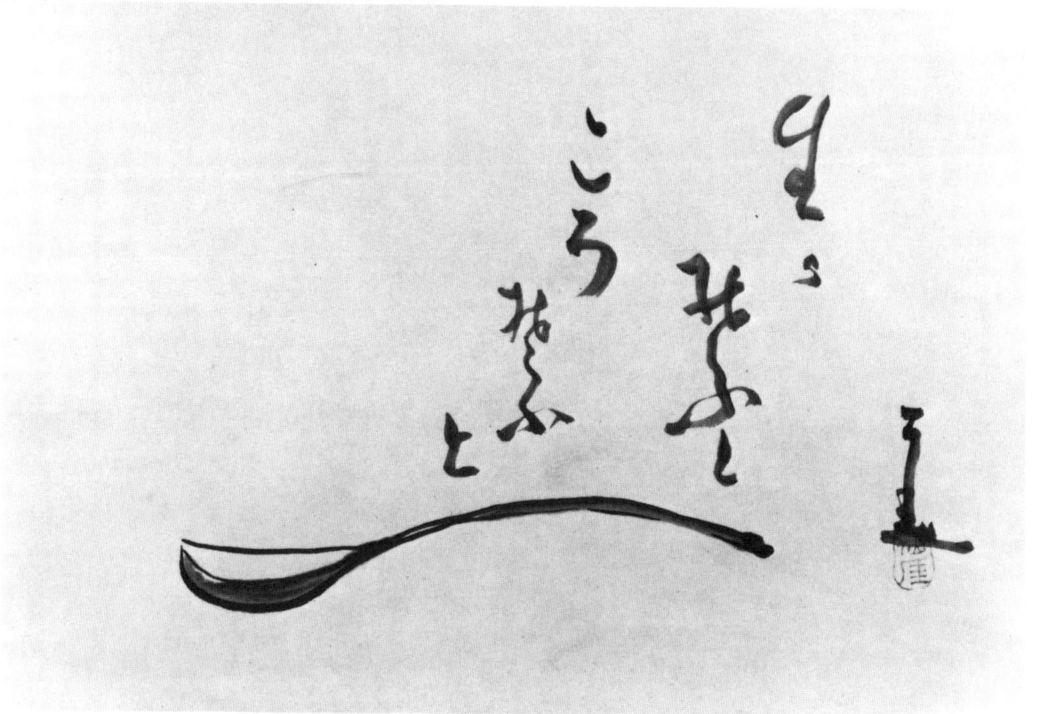

生かそふと　ころそふと　　厓

56. Der Löffel

Ob zum Leben oder zum Tod,
(hängt von der Dosis des Arztes ab).

切れ縄に口ちハなけれと朧月　厓

57. Das wirkliche Seil

Eine trübe Mondnacht –
Stücke eines zerrissenen Seiles,
Jedoch ohne Maul!

Buddhisten gebrauchen diesen Vergleich häufig, um die Wirkung des täuschenden Denkens zu erläutern. Sengai benutzt scherzhaft ein Wort für Schlange, KUCHINAWA, welches eine Zusammensetzung aus KUCHI »Maul« und NAWA »Seil« ist. Im Halbdunkel können die Stücke eines Seiles eine Schlange vortäuschen, die jedoch kein Maul hat.

Buddhistische Philosophen unterscheiden drei Formen des Wissens: das illusorische Wissen, das relative Wissen und das absolute oder vollkommene Wissen. Die letztere Form des Wissens heißt PRAJÑĀ und ist verschiedentlich beschrieben worden als transzendentes Wissen, als Wissen an sich, als ursprüngliches Wissen oder Wissen, das weder von einem Lehrer gelehrt noch durch ihn erworben werden kann.

きやん〜　　厓

58. Der junge Hund

»Kyan, kyan!«

Der junge Hund winselt; er ist an einen Stock gebunden und mag das nicht. Er möchte frei sein von allem, was ihn bindet und was seiner Natur fremd ist. Sengai macht es Spaß, in dieser unschuldigen Kreatur die meisten seiner Mitmenschen symbolisiert zu sehen. Seltsamerweise gefällt es uns, uns an Dinge, die wir nicht wirklich benötigen, zu hängen; wegen dieser Überflüssigkeiten aber treiben wir uns selbst in eine Sackgasse und rufen um Hilfe. Anstatt Herr zu sein über solch äußerliches Beiwerk, sind wir dessen Sklaven. Als Sengai diesen jungen Hund zeichnete, muß er über die menschlichen Torheiten meditiert haben.

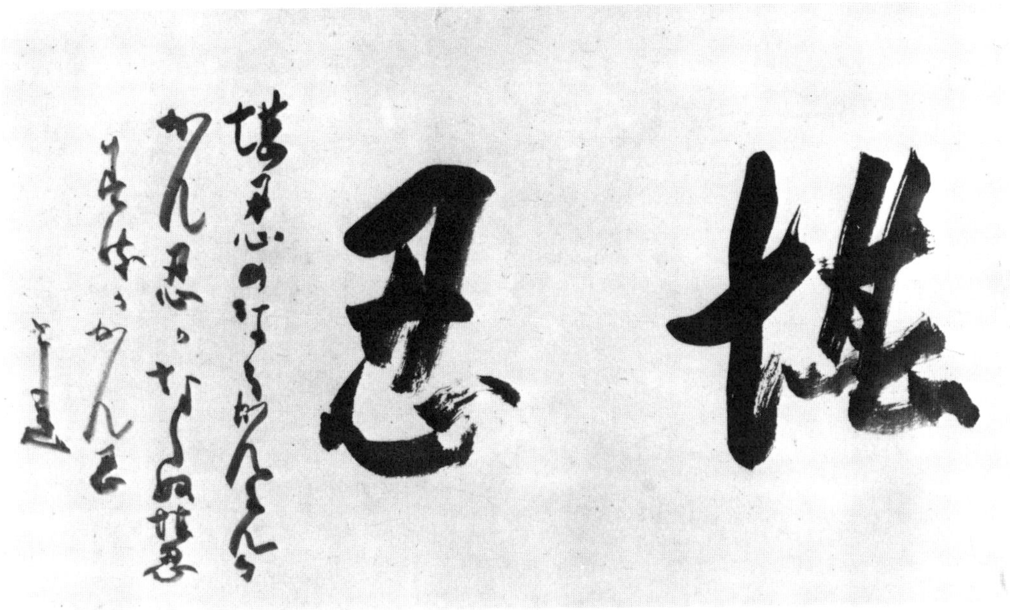

堪　忍
堪忍のなるかんにんかかん忍か
ならぬ堪忍す流かかん忍　　厓

59.

Geduld:
Es ist nicht Geduld, was du geduldig erträgst;
Geduld ist, das Unerträgliche ertragen.

Ein bekanntes Sprichwort, das Sengai hier in die Form eines Gedichts von einunddreißig japanischen Silben gesetzt hat.

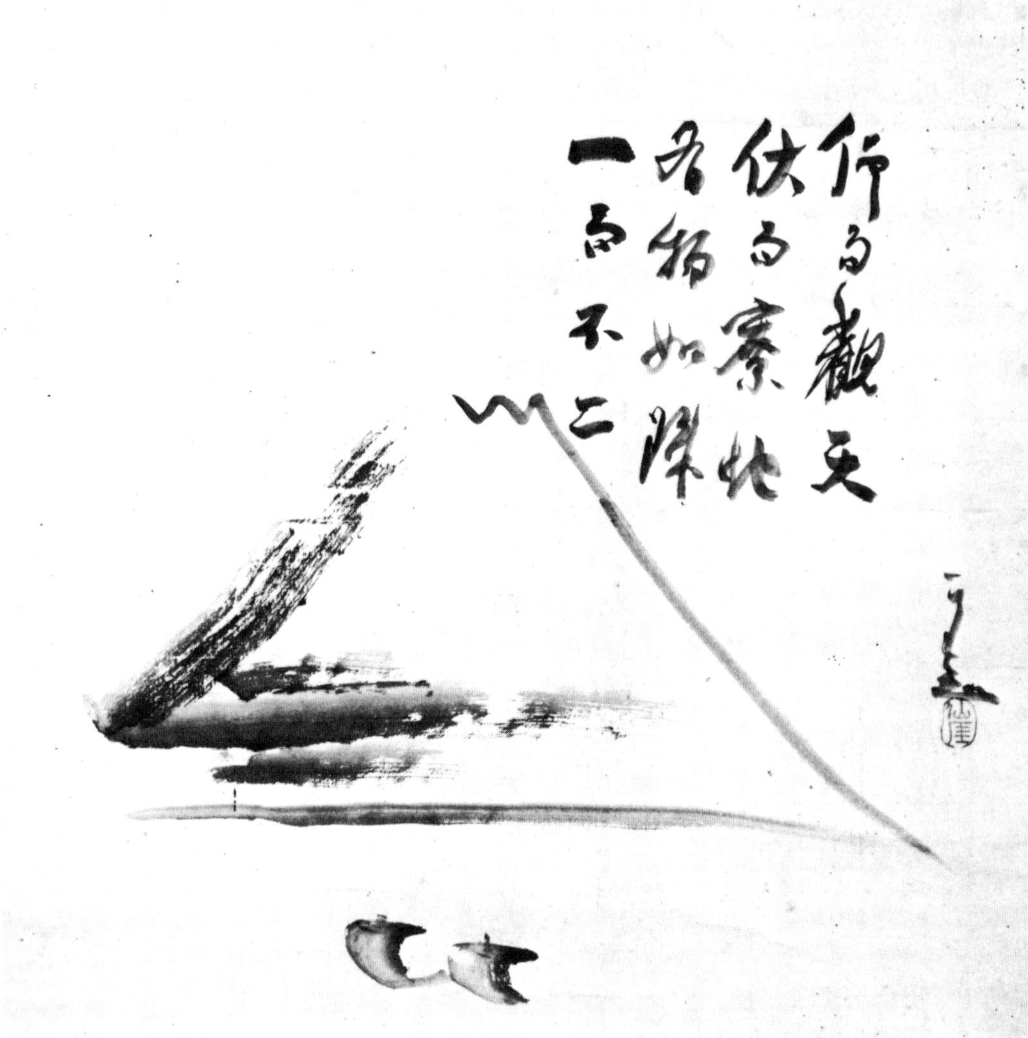

仰而観天　伏而察地
有物如珠　一而不二
厓

60. Der Berg Fuji

Aufblickend dehnen sich die Himmel;
Hinabblickend reicht weit die flache Erde,
Beide bis zum entferntesten Rand des Horizonts!
Jenseits schimmert eine weiße Perle,
Die einzige und keine zweite!

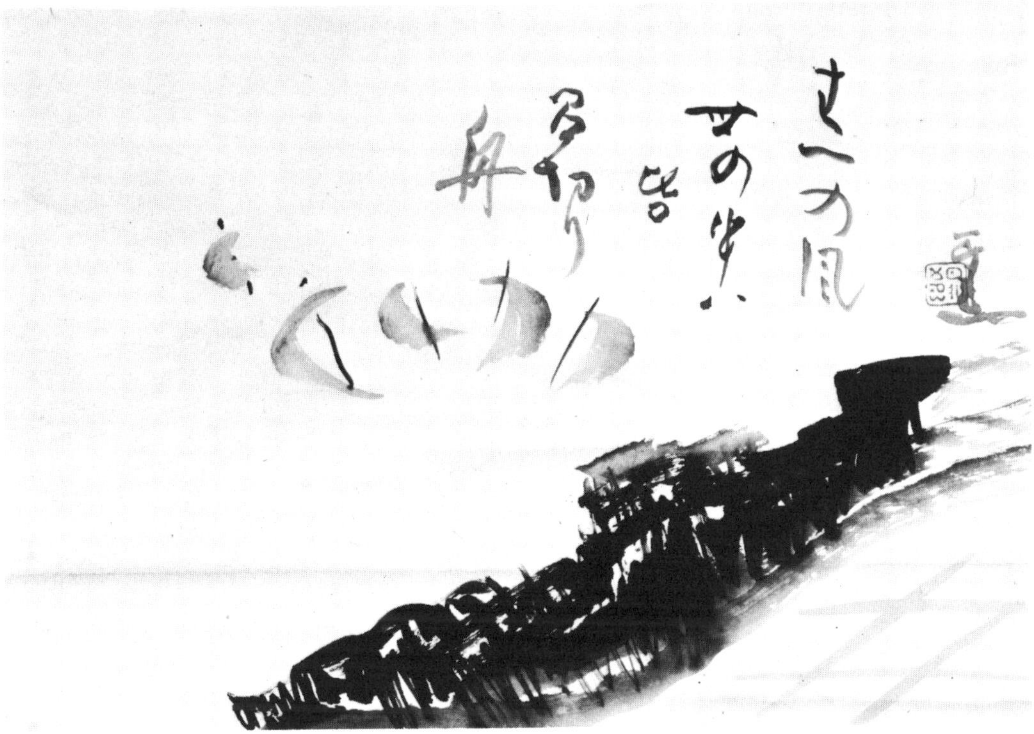

はへの風　世の中ハ皆　間切舟　厓

61. Segelboote

Wenn Südwinde vorherrschen,
Bewegen sich alle Dinge in der Welt
wie Segelboote.

Südwind bedeutet ruhiges Segeln, während Nord- und Ostwinde das Meer aufwühlen.

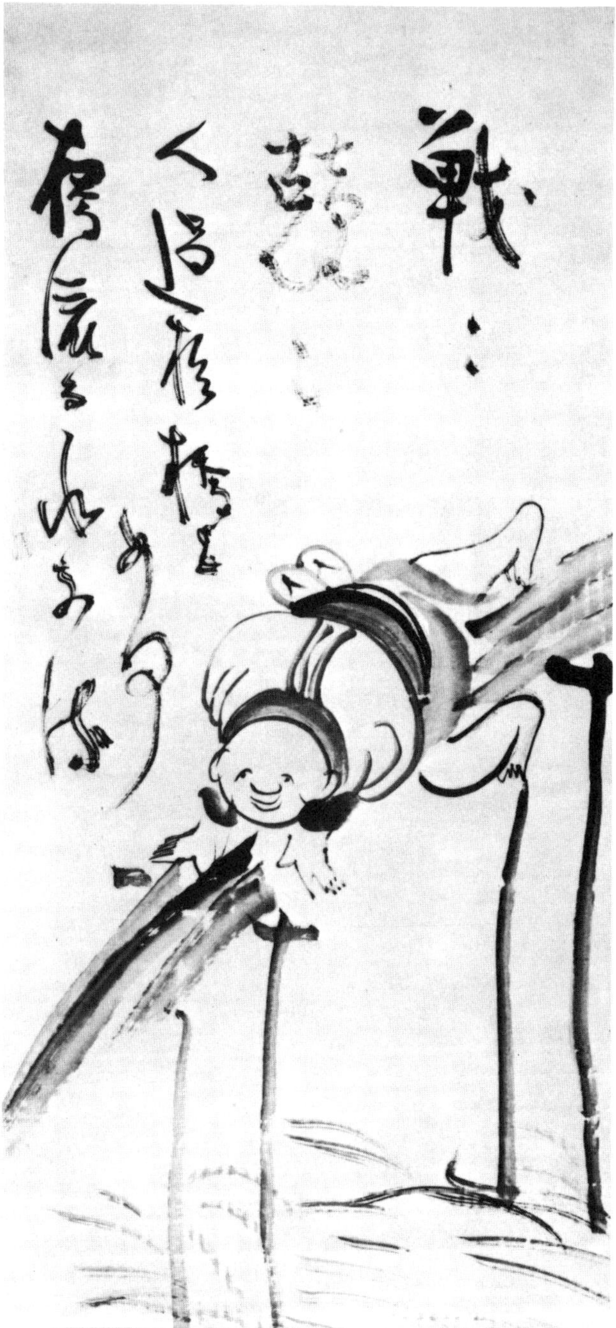

戰々競々　人過於橋上
如何　橋流而水不流

62. Ein Mann überquert eine Holzbrücke

Fu Daishi (Fu-ta-shih, 497–569) schrieb die folgenden berühmten Zenverse:

Ein Mann hält einen Spaten mit leeren Händen,
Er geht zu Fuß, während er auf einem Wasserbüffel reitet.
Er überquert eine Brücke;
Die Brücke fließt und das Wasser nicht.

Sengai bezieht sich auf diese Verse und schreibt scherzhaft:

Zitternd, schwankend,
Geht ein Mann über die Brücke.
Was bedeutet [die Behauptung], daß die Brücke fließt
Und das Wasser nicht?

Fu Daishi war einer der Weisen des Zen, die nicht zur orthodoxen Linie der Überlieferung gehörten. Der Legende nach ist er ein Zeitgenosse Bodhidharmas und soll mit ihm aus dem Tushita-Himmel herabsteigen, in dem Maitreya wartet, bis er an die Reihe kommt, in der Welt des Menschen zu erscheinen, wenn das jetztige BADRA-KALPA zu Ende gegangen ist. Fus Leben war nach den Überlieferungen des DENTŌROKU (DIE ERMITTLUNG DER LAMPE) voller Wunder. Er war dennoch ein unauffälliges, irdisches Wesen, das z. B. als Erfinder des sich drehenden Buchbehälters RINZŌ gilt.

63. Onoe Shinshichi

»Meine Damen und Herren, ich bin Onoe Shinshichi, ein Schauspieler, der kürzlich aus Edo gekommen ist. Ich werde Ihnen ein Schauspiel mit dem Namen ›Sieben Verwandlungen‹ vorführen, welches jeder Schauspieler in seinem Leben einmal spielt.

Achtung bitte! Es gibt sechs Pfade der Existenz: die Hölle, die hungrigen Geister, das tierische Leben, die kämpfenden Teufel, die menschliche Welt und das himmlische Königreich. Habe ich diese sechs Vorstellungen nach besten Kräften gegeben, kann ich Buddhaschaft erlangen.

Meine Damen und Herren, dies ist meine Abschiedsvorstellung, und ich möchte Sie bitten, mir zu erlauben, das Leben in der Hölle zuerst zu spielen.

Seht! Hier kommt der ONI (Dämon). [Das Bild zeigt diese Szene.] Ich danke Ihnen sehr, meine Damen und Herren. NAMU AMIDA BUTSU, NAMU AMIDA BUTSU.«

Das Motiv dieses Schauspiels ist es, zu zeigen, daß es der Geist (KAKORO) ist, der diese sechs oder sieben Formen der Existenz als erwiesen annimmt, und daß alles nur vom Verstand erdacht ist. Das Schriftzeichen »Geist« (KOKORO) steht deutlich auf der Schürze des Schauspielers geschrieben. Der Name des Schauspielers ist Onoe Shinshichi; Onoe ist der Familienname eines berühmten Schauspielergeschlechts, der zweite Name aber wahrscheinlich eine Erfindung Sengais, in der SHIN »Geist« ist und SHICHI »Sieben« bedeutet, oder etwa »Geist in seinen sieben Verwandlungen«. Edo war der Name Tokios in der Feudalzeit. Sengai hat jedoch die zwei Zeichen für Edo geschickt durch zwei andere ersetzt, die ebenso EDO wie ETO gelesen werden können und dann soviel heißen wie »verdorbene Welt«.

尾上心七
東西～新下り穢土役者尾上心七
一世一代な、はけの狂言アレアレ
最初地獄より餓鬼畜生修羅人間天上
む通りの所作事首尾よふ御目に
留りますれハ佛とはけるか
総方様への御暇乞ひ先ツハ地獄
鬼志や～ょふ～難有
南無阿彌陀佛～

64. Bambus

Für wen diese kühle, erfrischende Brise?

Die weltlichen Bilder sind wie eine hübsche Frau, die es haßt, von anderen ausgelacht zu werden.
Meine Zeichnungen aber sind wie ein Komödiant, der es gern hat, wenn man über ihn lacht.
Lao-tzu sagt: »Wenn gewöhnliche Sterbliche mich ansehen, verspotten sie mich.« Das ist der Beweis (daß ich nicht einer der ihren bin.)

爲誰起清風
世画如美女憎爲人所笑
厓画如戯者愛爲人所笑
老子曰下愚見之大笑可以見已

二見浦一目に見れハ不二の雪

65. Futami-ga-Ura
(Die Bucht von Futami)

Dieses Siebzehn-Silben-Gedicht (Haiku) über die Futami-ga-Ura ist nur schwer zu übersetzen.

Die Bucht von Futami.
Mit einem Auge gesehen,
Schnee auf dem Berg Fuji-san.

Futami-ga-Ura, wörtlich »Die Zwei-Sicht-Bucht«, liegt in der Provinz Ise in der Nähe des berühmten Ise-Shinto-Schreines. Die Bucht wurde nach den beiden großen Felsen, die sich mitten aus dem Meer erheben, benannt. Einer ist größer als der andere. Sie symbolisieren die eheliche Liebe, und daher verbindet sie das heilige Seil.

Das Gedicht wurde wahrscheinlich an einem Neujahrstag, als keine Wolke die Sicht verdeckte, geschrieben. Man sah die Felsen sich klar aus den Wellen erheben und erblickte gleichzeitig den schneebedeckten Berg Fuji-San in der Ferne. Die Futami-Felsen in Verbindung mit dem Fuji-San, der die unberührte Schönheit symbolisiert, gesehen, sind höchst glücksverheißende Zeichen für das eben angebrochene Jahr. Mit einem Auge gesehen heißt, daß diese zwei Glückssymbole mit einem Blick erfaßt wurden, was verdoppeltes Glück verspricht.

Das Haiku läßt, abgesehen von dieser einleuchtenden Auslegung, auch eine esoterische Erklärung zu. FUTAMI, »Zwei Objekte des Sehens«, steht für Zwei, und HITOME, »ein Auge«, steht für Eins. FUJI, obgleich es in der Ainu-Sprache ursprünglich »Feuer« bedeutete, kann mit den sino-japanischen Schriftzeichen auf zweierlei Weise geschrieben werden. Dann bedeutet es entweder »reicher Herr« oder »Nicht-Zwei«. Sengai benutzt die letztere Schreibweise. Somit haben wir ein Haiku, das auf Zahlen gedichtet ist: zwei (Felsen), ein (Blick), nicht-zwei (Fuji).

Die drei Begriffe in dieser Ordnung sind besonders bedeutungsvoll, da sie uns zeigen, wie buddhistische Philosophen die Welt und das Leben betrachten. Im Allgemeinen beginnen wir mit einer Art Dualismus, kommen zum Monismus und bleiben dort stehen. Die buddhistische Anschauung jedoch geht weit darüber hinaus. In der »Inschrift vom gläubigen Geist« des Sōsan (Sêng-ts'an, gest. 606), dem dritten Patriarchen des Zen-Buddhismus in China, kann man lesen: »Zwei ist möglich infolge von Eins, aber bleibe nicht bei Eins stehen.« Wie aber können wir darüber hinaus gehen? Es gibt einen anderen Standpunkt, würden die Buddhisten sagen, den des Advaitismus, also des All-Einheit oder A-Dualismus, des »Nicht-Zwei«. Sengai macht vollen Gebrauch von der Übereinstimmung, die er in den beiden Möglichkeiten sah, den Namen des gepriesenen Berges zu schreiben.

Advaitismus ist nicht negativistisch, wie es oberflächlich scheinen mag, er ist vielmehr positiv zu verstehen. Der wichtigste Punkt ist, nicht von einer bestimmten Schule des Denkens eingenommen zu sein. Wenn die Buddhisten »Nicht-Zwei« sagen, dann meinen sie zugleich auch »Nicht-Eins«, »Nicht-Drei«, »Nicht-Viele«, »Nicht-Absolut« usw. Freilich werden manche einwenden, wir könnten nicht in purer Verneinung leben, es müsse auch etwas Positives geben. Wir benötigen etwas Benennbares, positiv zu Bestimmendes. Wir müssen »Es« haben. Die buddhistische Antwort hierauf lautet: Dieser Einwand ist richtig, soweit er reicht. Es darf jedoch nicht vergessen werden, daß eine Verneinung immer in sich selbst eine Bejahung enthält, und daß wir nicht endlos fortfahren können, zu verneinen. Ewig zu verneinen und nicht zu wissen, wo man damit aufhören muß, ist Unsinn. Wo aber müssen wir dann aufhören? Buddhisten würden sagen: Haltet dort an, wo ihr nicht anhalten könnt. Wenn ihr realisiert, daß Halten Nicht-Halten ist, dann wißt ihr, wo inne zu halten ist. Laßt uns deshalb weiterhin verneinen und immer mehr verneinen, bis die Zeit kommt, wo wir fühlen, daß wir so nicht weitermachen können und ein dickes Bündel schnüren müssen aus allen diesen Verneinungen, die wir angesammelt haben, und es in den Ozean der Unendlichkeit werfen müssen. Dann realisieren wir zum ersten Mal, daß das letzte Etwas oder »Es«, das wir gesucht haben, immer schon mit uns war, seit wir die erste Verneinung unternommen haben, denn die erste Verneinung war nichts anderes als die erste Bejahung. Daher die buddhistische Philosophie des Advaitismus, welche die Philosophie der Ist-heit ist.

Zen als eine Form des Buddhismus, die sich in China entwickelt hat, teilt die Auffassung, die hier dargestellt wurde. Aber Zen ist keine Philosophie und hat seinen eigenen Weg, auf den Kern hinzuweisen. Der Meister kann zum Beispiel seinen Stock zeigen und sagen: »Nenne dies nicht einen Stock noch einen Nicht-Stock. Wie nennst du es?« Oder er wird sagen: »Die Weide ist grün und die Blume ist rot«, bei anderer Gelegenheit aber das genaue Gegenteil davon behaupten. Seine Logik endet hier freilich noch nicht, denn er wird fortfahren: »Und deshalb ist die Weide eine Weide und die Blume eine Blume«.

Zu Beginn wurde gesagt, daß Sengais Haiku auch esoterisch interpretiert werden kann. Das war aber irreführend, denn, wie wir gesehen haben, ist nichts Esoterisches daran. Tatsächlich ist der Zen weit entfernt davon, esoterisch zu sein. Manche glauben, Zen sei mystisch oder geheimnisvoll oder verdunkelnd oder absichtlich irreführend; aber ihr werdet immer feststellen, daß sie unrecht haben.

Ob Sengai das Haiku mit genau diesen Gedanken geschrieben hat oder nicht, kann ich nicht sagen; aber ich würde darin gerne alle die Gedanken lesen, die ich hier nur kurz darzustellen vermochte. All seine Werke, die literarischen wie die anderen, sind in diesem Sinne zu interpretieren. Es wäre ein großer Fehler, ihn lediglich als einen gewöhnlichen Karikaturisten oder Humoristen zur populären Unterhaltung zu betrachten: Er ist ein ernster Lehrer des Zen.

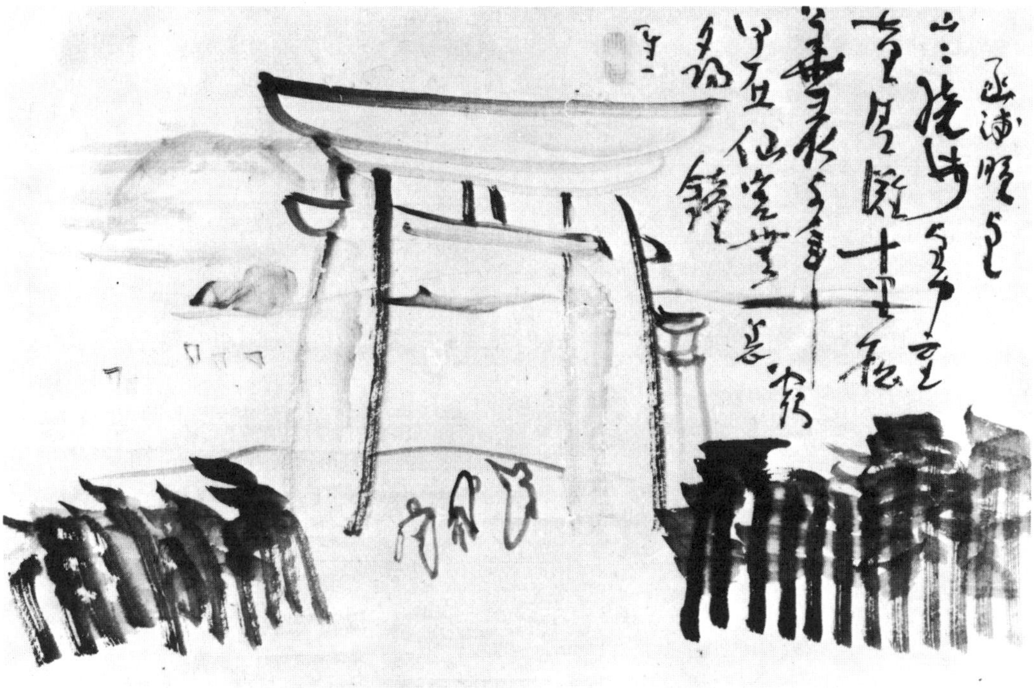

函浦晚望

山々繞海望中重　七里清灘十里松
華表千年鶴何在　仙宮無恙夕陽鐘
匡

66. Der Blick am Abend auf den Strand von Hakura

Berg und Berg umrandet das Meer
Fern bis zum Horizont.
Der Strand dehnt sich
So weit das Auge reicht,
Und eine Reihe von Pinien
scheint noch darüber hinauszuweisen.
Das Torii-Tor vor tausend Jahren,
Wo ist der heilige Kranich?
Der himmlische Schrein steht ruhig und
Friedlich da und die Glocke
Dröhnt wohlklingend in den Abend.

世の中を何に喩へん電の
露の命と思ふ間もなし　厓

67. Der Blitz

Womit soll ich unser Leben vergleichen?
Noch bevor ich sagen kann, es sei ein Blitzstrahl
Oder ein Tautropfen, ist es schon vorbei.

Das Diamant-Sūtra (VAJVACCHEDĪKĀ-PRAJNĀPĀRAMITĀ-SŪTRA) vergleicht das Leben mit sechs vergänglichen Erscheinungen, die wir allenthalben um uns herum sehen: einem Traum, einer Vision, einer Wasserblase, einem Schatten, einem Blitzstrahl und einem Tautropfen. Die Idee der Vergänglichkeit muß das buddhistische Denken in Indien zutiefst bewegt haben. »Alle Dinge sind veränderlich, alles ist ständigem Wechsel unterworfen« – dies ist ein Thema, das die Buddhisten niemals müde werden, zu wiederholen. Glücklicherweise jedoch haben sie nie vergessen, daß die Idee der Veränderlichkeit immer von der Idee der Dauer begleitet wird. Beide Begriffe gehen Hand in Hand, obgleich sie der Bedeutung nach im scharfem Gegensatz zueinander stehen oder sich widersprechen. Demgemäß sagen die Buddhisten: A ist A, weil A Nicht-A ist. Was wir, die wir immer nach dem ewigen Leben suchen, benötigen, ist die Erkenntnis, daß Streben bereits Verwirklichung ist, und daß diese Wahrheit nicht durch Logik, sondern nur durch wirkliche Erfahrung erkennbar wird.

危厓千尺攀蘿而過
右翻芭蕉之句　厓道人

68. Die Kiso-Schlucht

Felsen türmen sich gefährlich, und
Menschen gehen, an die Ranken geklammert, vorbei.
Das Bild illustriert cin Gedicht Bashōs.

In seinem Reisetagebuch durch Sarashina schrieb Bashō:

Die hängende Brücke
Unser Leben umwunden
von den Ranken des Efeu.

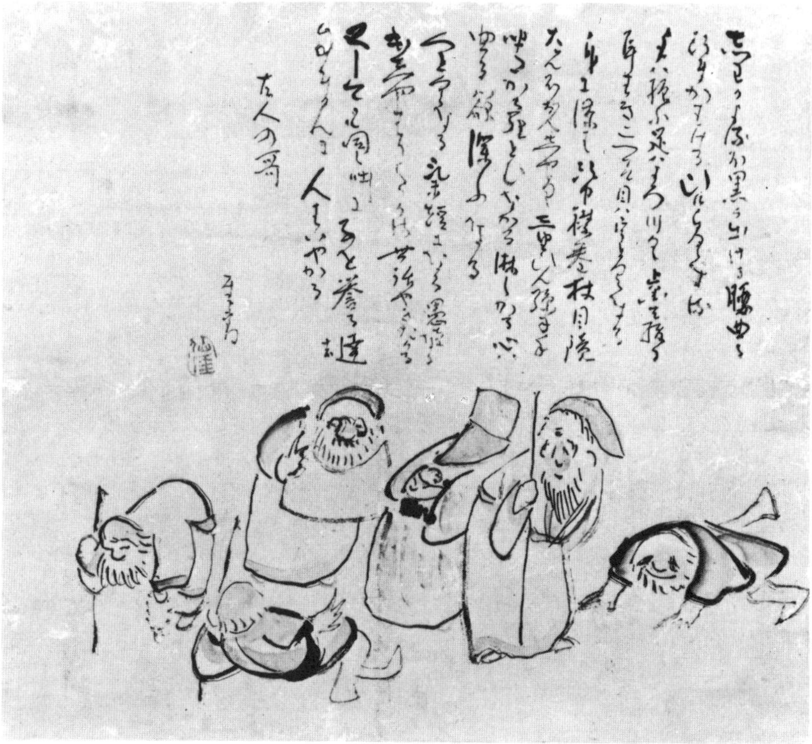

69. Gebrechen des Alters

Falten im Gesicht, dunkle Flecken entstehen auf der Haut und derRücken ist gebeugt;
Kahlköpfig und graubärtig,
Die Hände zittern, die Beine wanken und die Zähne sind ausgefallen,
Halbtaub und die Sehkraft geschwächt.
Unentbehrlich die Mütze auf dem Kopf, Tücher, ein Stock und die Brille;
Dann eine Wärmflasche, ein heißer Stein, der Nachttopf und ein Rückenkratzer.
Lästig ist er, voll Angst vor dem Tod und einsam;
Mißtrauisch gegen andere, der Wunsch nach Besitz nimmt zu.
Sich wiederholend, jähzornig und nörglerisch,
Zudringlich und aufdringlich.
Dieselben Geschichten wieder und wieder,
in welchen seine Kinder ständig gepriesen werden.
Prahlend mit seiner Gesundheit
ermüdet er andere bis zur Unerträglichkeit.

Alte Sprichwörter

志わかよ流ほ黒か出ける腰曲る
頭まかはけるひけ白くな流
手は賑ふ足ハよろつく歯は抜る
耳はきこへす目ハうとくなる
身に添は頭巾襟巻杖目鏡
たんぽおん志やく志ゆひん孫子手
聞たかる死とむなかる淋しかる
心ハ曲る欲深ふなる
くとくなる気短になる愚ちになる
出志やはりたか流世話やきたかる
又しても同し咄しに子を誉る
達者自まんに人はいやかる
古人の哥　　　　　厓書

後と云へは又も向いに来流へし
九十九迄ハ留すとこたへろ

70. Der Vorwand eines alten Mannes

Wenn du sagst: »Kommt später«,
Werden sie bald zurück sein,
Um dich wegzutragen.
Besser sagt man ihnen:
»Nicht zu Hause, bis ich 99 bin«.

Dies ist der Versuch eines alten Mannes, die Boten desTodes zu überlisten. Nur zu sagen: »Kommt später« wird uns kein längeres Leben sichern. Er hofft, König Yamarāja's Teufel zu betrügen, indem er eine lange Zeit der Abwesenheit vortäuscht. Laßt uns hoffen, daß die List Erfolg hat.

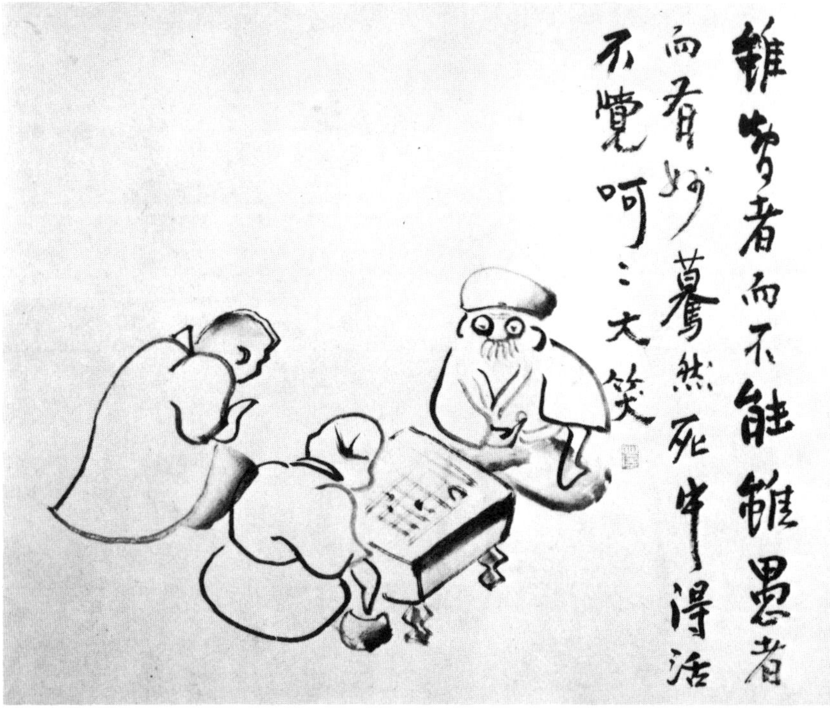

雖智者而不能雖愚者而有妙
驀然死中得活不覺呵々大笑

71. Die Go-Spieler

Es gibt Dinge, die selbst der Weise versäumt, während der Tor den Nagel auf den Kopf trifft und so, mitten im Tod, unerwartet einen Weg zum Leben entdeckt und in ein großes Gelächter ausbricht!

Das Go-Spiel verlangt, ähnlich dem Schach, große Vorstellungskraft und kluge Berechnung. Es ist ein Spiel, das in Japan besonders von der kultivierten und wohlhabenden Klasse gerne gespielt wird. Sengai war bekannt dafür, ein sehr raffinierter Spieler gewesen zu sein. Beim Go wird ein Spieler oft in eine Ecke gedrängt; verfehlt er dann einen Zug, ist alles verloren. Er wird dann häufig Stunden oder sogar Tage zubringen, um einen Weg aus dem Dilemma zu finden. Hat er ihn gefunden, geht er lebend aus dem »Tod« hervor. Damit soll gesagt werden: Die äußerste Grenze des Menschen ist Gottes Gelegenheit in unserem täglichen Leben. Dies erfahren wir auch im Studium des Zen.

右や左りのお旦那様

72. Ein verkrüppelter Bettler

»Ehrenwerte Herren,
zu meiner Linken und
zu meiner Rechten . . .«

Der Rest muß verstanden werden. Es ist bemerkenswert, daß Sengai oft Themen für seine Malereien wählte, die mit den niedrigen Stufen des sozialen Daseins verbunden waren; sie bilden Ereignisse aus dem Leben des gemeinen Volkes ab. Obgleich er ein Zen-Mönch war, zeigte er großes Interesse an der Welt und pflegte Umgang mit Menschen aller Schichten und Berufe. Wir dürfen nicht vergessen, daß sich in der Feudalzeit die buddhistischen Priester in vornehmer Gesellschaft bewegten, denn die Tempel, denen sie vorstanden, waren der herrschenden Klasse verbunden. Sengai aber vergaß niemals, sich unter das einfache Volk zu mischen.

此味噌漬ハ怡土志摩大一の名物
上けてくれなんせ　　厓

73. Eine Frau bringt Pickles als Geschenk

Die MISO[1]-Pickles sind die bekanntesten Erzeugnisse von Itoshima.
Sei so freundlich und nimm sie an
(oh ehrwürdiger Meister).

Diese Frau kommt offensichtlich aus den Vergnügungsvierteln nahe dem Itoshima-Bezirk. Daraus kann man schließen, daß der zurückgetretene Abt von Shofukuji mit allen, die dort lebten, umging. Sein liebender, mitfühlender Geist durchdrang jeden Bereich des menschlichen Lebens, und jedermann konnte sich ihm nähern.

[1] Miso-Pickles sind in Sojabohnenpaste eingelegte Gemüse

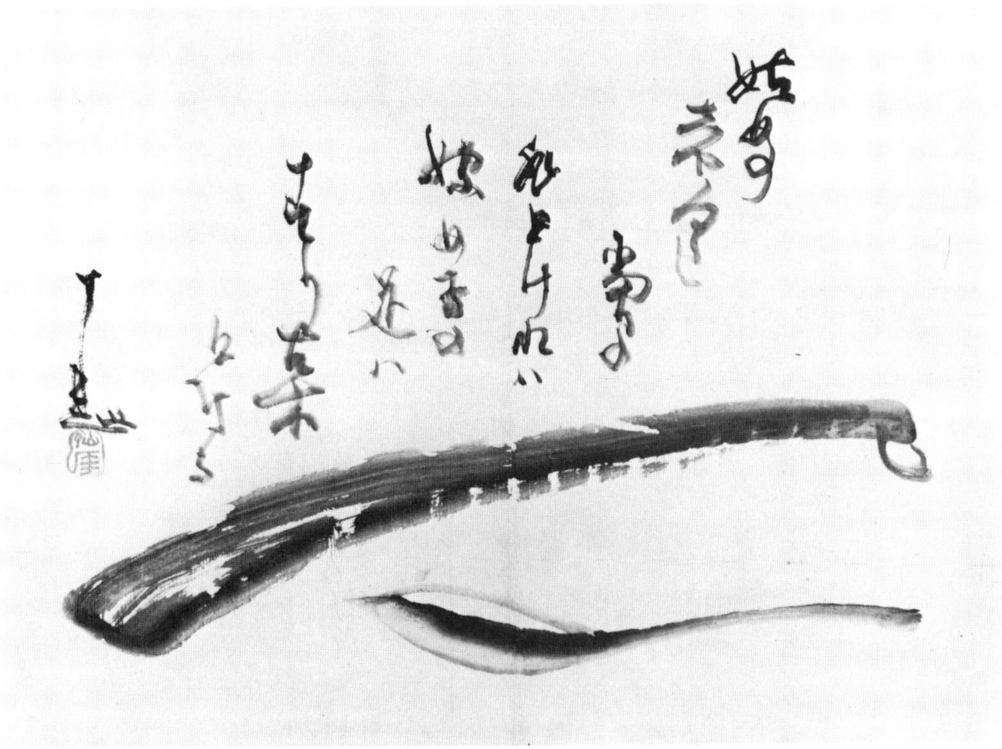

姑めの志やくし當りの飛とけれハ
嫁め子の足ハすり古木となる　厓

74. Die Kelle und der Stößel

Wenn die Schwiegermutter die Kelle zu streng gebraucht,
werden die Beine der Schwiegertochter steif wie ein Stößel.

Herkömmlicherweise geht die Schwiegermutter sehr streng mit der Frau ihres Sohnes um, die neu in die Familie aufgenommen worden ist. Die junge Frau, die sich bemüht, den Befehlen zu folgen, wird erbarmungslos herumkommandiert und muß viel hin- und herlaufen, und schließlich geben ihre Beine nach – sie werden zu einem Paar steifer Stäbe in der Art der großen Stößel, die in der Küche gebraucht werden. Dies ist eine Warnung an die Schwiegermutter, nicht unvernünftig streng mit der neu aufgenommenen Schwiegertochter zu sein.

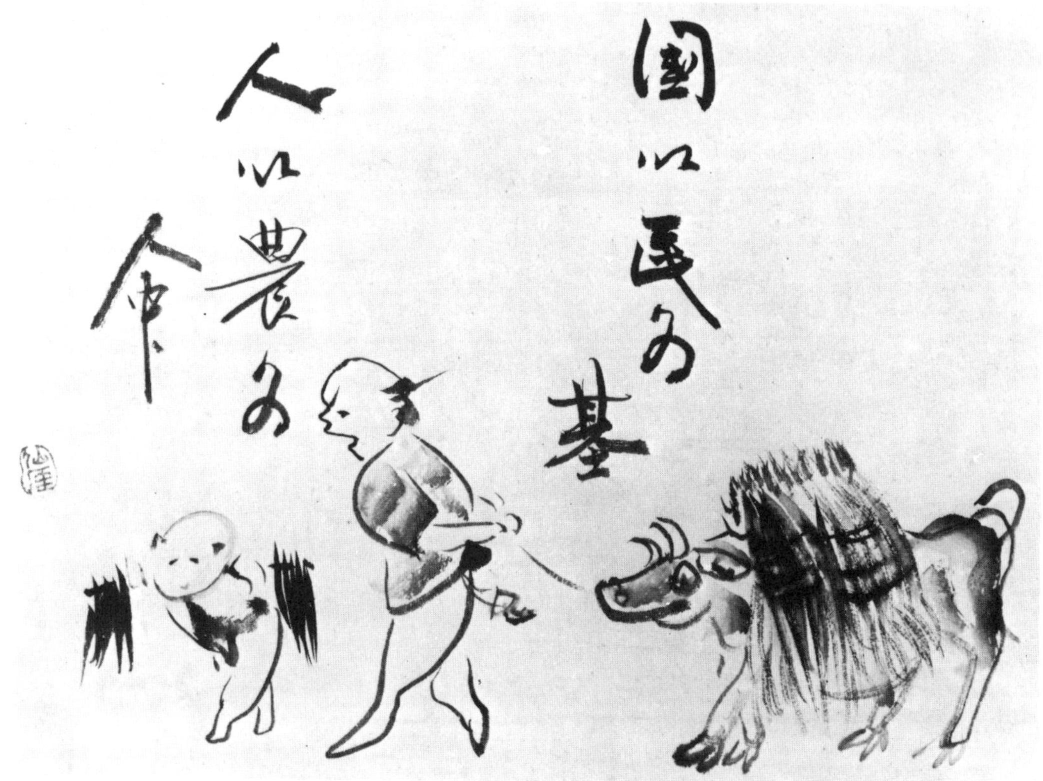

國以民為基　人以農為命

75. Die Bauern

Der Staat ist das Volk,
Und das Leben des Volkes beruht
Auf der Landwirtschaft.

76. Die singenden Pferdetreiber

Auf dem Hügel scheint,
Scheint die Sonne;
Doch in Suzuka
Ist es bewölkt.

坂ハ照る～
鈴鹿ハ曇な－

Dies ist Sengais eigene, abgekürzte Variation des alten Volksliedes, das oft von den Sänftenträgern auf ihrem Weg gesungen wird, wenn sie an einen Hügel kommen. Das Lied lautet im Original:

Auf dem Hügel scheint die Sonne,
Scheint die Sonne,
Doch in Suzuka
Ist es bewölkt.
Wenn wir nach Aino Tsuchiyama kommen,
Regnet es.

吉野ても花の下より鼻の下　厓

77. Die Kirschblüte in Yoshino

Die Gesellschaft von Frauen [und Wein] ist besser
Als blühende Kirschbäume,
Besser sogar als die von Yoshino.

Das ist ein Spiel mit den Wörtern »Blume« und »Nase«, die beide auf japanisch Hana heißen. Also kann Hana no shita »unter den blühenden Blüten« ebenso bedeuten wie »unter der Nase«. »Unter der Nase« aber ist eine Abkürzung für Hano no shita ga nagai und bedeutet, daß die Entfernung von der Nase zur Oberlippe lang ist, womit man eine Person charakterisiert, die auf erotische Abenteuer aus ist. Yoshino zeigt im Frühling ein Meer von Kirschblüten und wimmelt von Festen mit Geishas und anderen unterhaltsamen Begleiterinnen.

冊々孤生竹　結根泰山河　　匡

78. Bambus

Dicht wächst der Bambus,
Ein jeder steht einzeln für sich;
Alle ihre Wurzeln verflochten,
Und alles ist gut in den Bergen und
An den Flüssen.

夜をこめてとりの

79. Der Hahn

Die Nacht rückt vor,
und der Hahn . . .

Dies ist der Anfang eines UTA, eines Gedichts der japanischen Poetin Sei Shōnagon. Sie war eine bekannte Hofdame im frühen elften Jahrhundert und bewies ihre literarische Begabung und originelle Phantasie in ihrem MAKURA-NO-SOSHI oder KOPFKISSENBUCH. Der ganze Vers lautet:

Die Nacht rückt vor,
Und der Hahn –
Sein Krähen mag nachgeahmt sein,
Doch das Grenztor der Liebe
Gestattet keine Täuschung.

Die Geschichte von der Nachahmung eines Hahnenschreis am frühen Morgen geht so: Als die chinesische Chou-Dynastie (1122–255 v. Chr.) im vierten Jahrhundert vor Christus Verfallserscheinungen zeigte, begann die Periode der sich bekämpfenden Staaten. Das Kaiserreich war in viele Königreiche und Fürstentümer gespalten, die miteinander in ständiger Fehde lagen. Als Mō Shōkun (Meng Ch'ang Chün aus Ch'i) mit seinem Gefolge in einem benachbarten Königreich namens Ch'in gefangen gehalten wurde, versuchte er zu fliehen. Das Fronttor, das Ch'in von Ch'i trennte, war geschlossen, und die Torhüter weigerten sich, es den Flüchtenden zu öffnen, denn es war noch dunkel und der Hahn hatte die Dämmerung noch nicht angekündigt. Mō Shōkun aber konnte nicht warten; denn die Verfolger waren ihm dicht auf den Fersen. In seinem Gefolge befand sich ein geschickter Tierstimmenimitator. Der krähte ein perfektes ›Kikeriki‹ und das Tor wurde geöffnet.

雪後吐芳　　匡

80.　Die Pflaumenblüten

Nach dem Schnee
Der Duft
Um so stärker.

大原女の柴に苅そふ花の香も
都の春にかわらぬものを

81. Die Mädchen von Ōhara

Blumen auf dem Brennholz
Tragen die Frauen von Ōhara.
Der süße Geruch des Frühlings,
Ebenso glückverkündend über Miyako.

Der Ort Ōhara liegt nicht sehr weit entfernt von Kyoto, der alten Hauptstadt (die früher Miyako hieß). Die Frauen von Ōhara haben eine besondere Art, das Brennholz auf ihren Köpfen zu tragen. Sie sammeln das Holz, um es den Leuten in der Stadt zu verkaufen und schmücken das prosaische Material mit Feldblumen – ein Zeichen des glückbringenden Frühlings in den Feldern wie auch in Miyako.

82. Bambus

Bambusschößlinge?
Sie müssen aus der Mōsōfamilie sein,
So früh, wie sie sprießen.

Mōsō ist eine Bambussorte; das Wort kann aber auch »früh« (MŌ) und »so« (SŌ) bedeuten. Sengai spielt mit den Worten und dem Namen und erinnert an die Bambussprößlinge, die schon so früh im Frühjahr ausgetrieben haben.

竹の子か孟宗早よふ出流ものか

農其天下之本乎
楽しみハ花の下より鼻の下　厓

83. Die Bauern

[Sie sagen,] es gibt mehr Vergnügen
Unter der Nase,
Als unter den Blüten.
[Aber] wir Bauern sind das Fundament der Welt.

Dies ist ein Spiel mit den Wörtern »Nase« und »Blüten«, die beide auf japanisch HANA ausgesprochen werden. Der Ausdruck »unter der Nase« oder »eine lange Oberlippe« bedeutet Verliebtheit, während »unter den Blumen oder Blüten« auf die lustigen Feste hinweist, die unter den blühenden Kirschbäumen gefeiert werden. Sengai spielt hier auf eine andere und tiefere Art von Vergnügen an (siehe Abb. 77).

天下梅花主　扶桑文字祖
噫　鎮西太宰府

84. Sugawara Michizane

Sugawara Michizane (845–903) war in der Geschichte Japans einer der großen Gelehrten klassischer chinesischer Literatur der Heian-Periode. Kaiser Daigo wollte die politisch allmächtige Fujiwara-Familie schädigen und berief Michizane an einen wichtigen Regierungsposten, der erblich der Fujiwara-Familie zustand. Aber selbst dem Kaiser gelang es nicht, dem sozialen und politischen Druck zu widerstehen, der die Bedeutung des Einzelnen ignorierte. Die Sugawara-Familie war von niedrigerem Rang als die Fujiwaras. Unter falschen Beschuldigungen wurde Michizane später entlassen und ins Exil in die westliche Hauptstadt Dazai-fu auf Kyūshū geschickt, weit entfernt von der politischen, sozialen und kulturellen Hauptstadt Kyoto. Nach drei Jahren eines trostlosen Lebens starb er. Ein berühmtes Gedicht voller Leidenschaft aus seiner Zeit in Dazai-fu lautet:

Wenn der Ostwind bläst,
Sendet mir euren süßen Duft,
O, meine Pflaumenblüten.
Wenn auch euer Herr gegangen ist,
Vergeßt nicht, daß wieder Frühling ist.

Nach seinem Tod wurde Michizane zum Gott der Literatur erhoben, und im nördlichen Teil von Kyoto ist ihm ein Schrein errichtet worden, der als Tenjiu (Himmlischer Gott) bekannt ist. Die Inschrift lautet:

Gott der Pflaumenblüte in der ganzen Welt,
Fürst der Literatur im Land der Aufgehenden Sonne.
Ach!
Dazai-fu, Hauptstadt der westlichen Grenze.

雷山瀧の写意

瀧水の落る木間の春風に
吹ちる花と人や見るらん

85. Der Wasserfall am Berg Rai

Der Wasserfall
Sprüht zwischen den Bäumen.
Und der Frühlingswind
Läßt uns an fallende Blüten denken.

86. Die Pflaumenblüte

Der liebliche Duft
Sanft in den Dämmer strömend,
Und der Abendmond.

Sengai zitiert das berühmte Gedicht über die Pflaumenblüte von Rin Wasei (Lin Ho-ching) aus der Sung-Dynastie. Die Zeilen davor lauten:

Die blattlosen Zweige neigen sich,
spiegeln im
Seichten und klaren Wasser.

闇香浮動　月黄昏　　厓·

87.

Alles Lebende zu absolutem Glauben zu erwecken,
[Ist unbedingt notwendig].
Was aber nützt es, daß
Aśvagosha diese Abhandlung schreibt?

Überall blühen die Blumen und die Vögel singen
in diesen späten Frühlingstagen.
Wer würde seine Zeit vergeuden, um über den
Ein-Geist und seine Zwei-Aspekte zu diskutieren?

Aśvaghosa war ein großer indischer Philosoph des Buddhismus, der wahrscheinlich gegen Anfang der christlichen Ära lebte. Sein Werk von der Erweckung des Glaubens ist eine glänzende Einführung in den Mahāyāna-Buddhismus. Es gibt einen Geist, sagt er, der zwei Aspekte hat, die So-heit (TATHATĀ) und die Tatsache von Geburt-und-Tod (SAMSĀRA). Der Geist als So-heit entspricht dem Gott als Gottheit, der Geist als Geburt-und-Tod entspricht dem Schöpfergott. Der eine ist statisch – einfach seiend oder gegeben –, während der andere dynamisch, weil Geburt und Tod unterworfen ist. Jedoch das, »was ist«, kann nicht außerhalb dessen, »was wird«, gesucht werden. Sein ist Werden und Werden ist Sein. Zen bedeutet, dies konkret durch eigene persönliche Erfahrung zu verstehen.

欲起衆生大信根　馬鳴那用造斯論
飛花啼鳥三春晩　誰道一心開二門
読起信論　厓

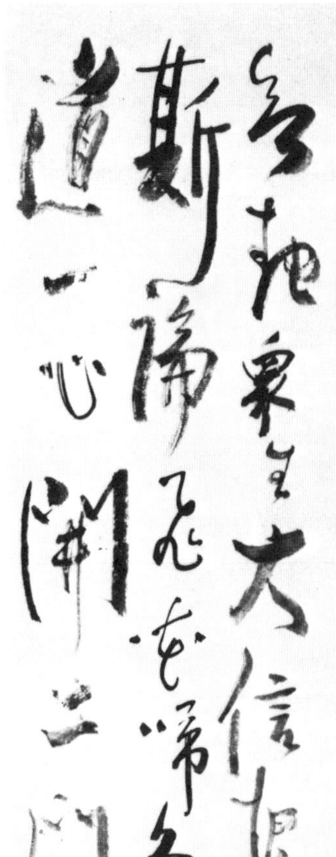

Diese konkrete, individuelle Erfahrung bildet die Grundlage; Gedanke und Sprache gehen daraus hervor. Diese grundlegende, SATORI genannte Erfahrung kann nicht mit Worten ausgedrückt werden, denn sobald sie ausgesprochen wird, wird sie abstrakt, begrifflich, und entfernt vom Leben; sie wird damit zur wohlfeilen Ware, die auf den Märkten angeboten wird. Soll diese Erfahrung jedoch in Worten ausgedrückt werden, müssen sie mit besonderer Sorgfalt gewählt werden, sodaß ihr Sinn in diesem Kontext nicht mit ihrer gewöhnlichen Bedeutung verwechselt werden kann. Das heißt also, die Worte sollen nicht das Wissen zu vermitteln suchen, sondern den Glauben, der »groß« oder »absolut« genannt wird, ausdrücken. Dies geschieht, wenn große Schlachten zwischen Wissen und Glauben, Wissenschaft und Religion, Tatsache und Erfindung, Geschichte und Mythologie, Rationalem und Absurdem stattfinden. Der Zenmeister nimmt ebenfalls an diesem hitzigen Wettkampf teil, weiß aber gleichzeitig, wie er sich selbst abkühlen kann – »in der Brise eines Sommerabends inmitten von Gut und Böse«, wie es Sengai an anderer Stelle formuliert. Das ist gemeint mit den Zeilen: »Überall blühen die Blumen und die Vögel singen in diesen späten Frühlingstagen.«

呑てくれよふ〜と
出掛たり　　匡

88. Die Kröte

Schlinge,
Schlinge,
Rückt die Kröte vor.

Einer der interessantesten Anblicke während der Regenzeit ist eine Kröte auf Wanderschaft. Sie kriecht mit solcher Gelassenheit und Wichtigkeit, daß man sagen möchte: mit großer Weisheit.

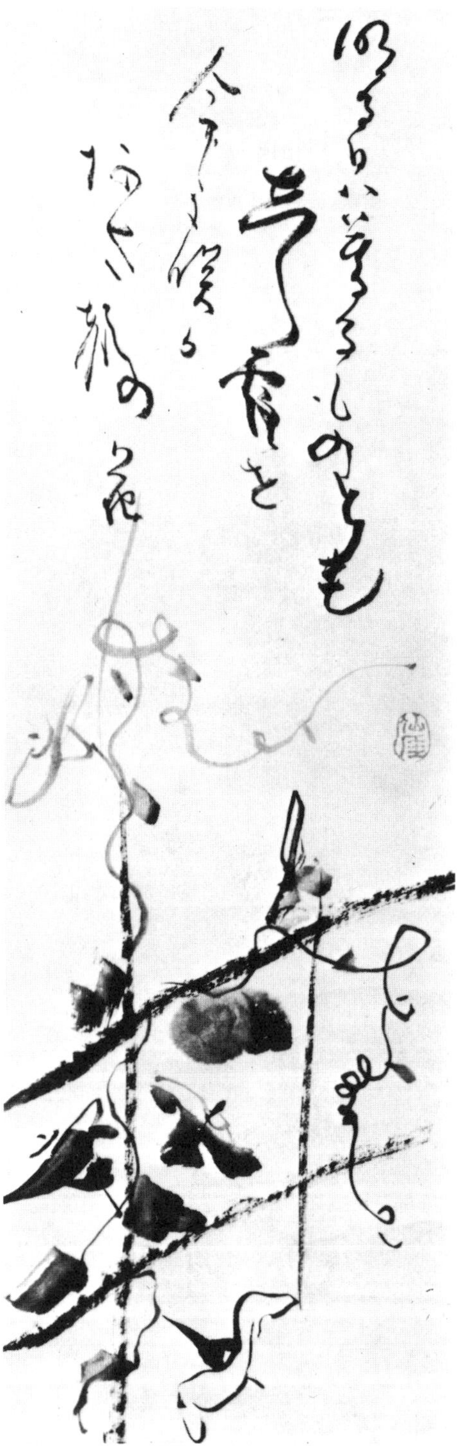

明る日ハ暮るものとも志ら露を
命に咲か　阿さ顔の花

89. Die Blaue Winde

Der Tag vergeht in der Dämmerung
Wie der nichtsunterscheidende Kristalltau;
Blüht sie mit wirklichem Leben,
Die Blaue Winde?

Eine blühende Blaue Winde rankt an einem Bambuszaun. Die einunddreißig Silben des japanischen Verses verherrlichen die Blaue Winde, die am Morgen wunderschön blüht und am Abend hilflos verwelkt.

90. Lotus

Wie schlammig das Wasser auch ist, der Lotus behält seine Reinheit. Gerade weil er aus dem Schlamm wächst, blüht er so herrlich.

Die klaren Tropfen,
Auf meine Ärmel vergossen,
Sind die Tautropfen auf
Den Lotusblättern des
Buddha-Körpers.

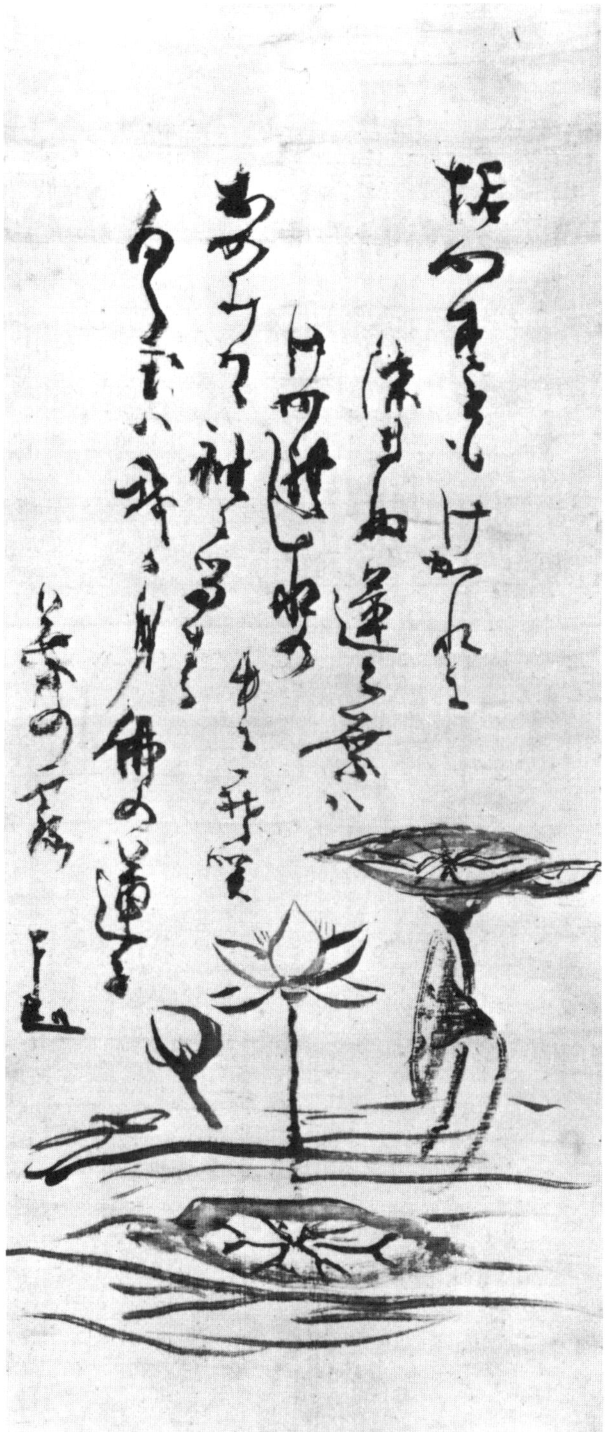

垢かすともけかれに染まぬ蓮子葉ハ
けか禮し水の中にこそ咲
おかみつ、袖に留まる白玉ハ
我が身佛の蓮子葉の露　　匡

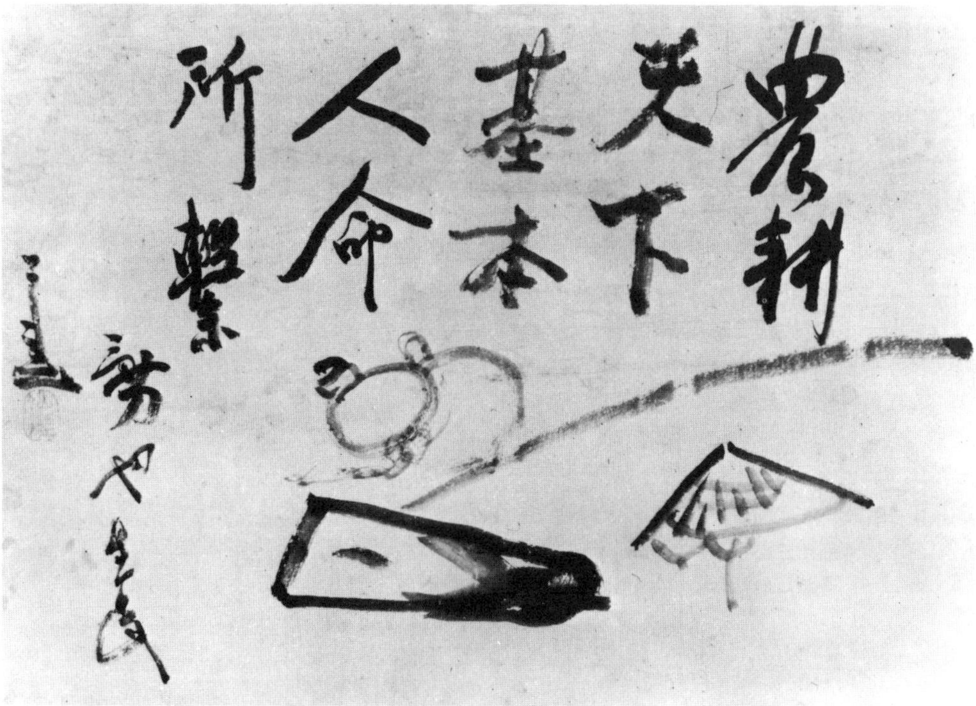

農耕天下基本人命所繫
務や生民　　匡

91.　Bauern

Die Landwirtschaft ist das Fundament der Welt,
da das menschliche Leben von ihr abhängt. Also bemüht Euch weiterhin,
[Oh, Ihr Leute]!

Das Bild zeigt eine Hacke, einen Bauernhut und eine Kürbisflasche, die als Trinkwasserbehälter benutzt wird.

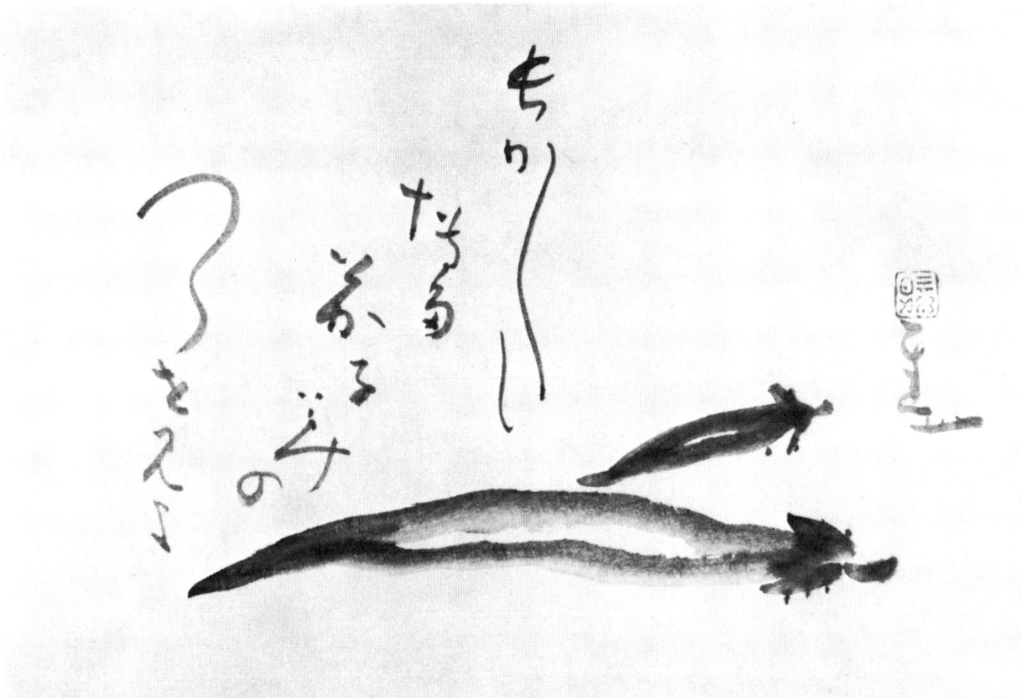

長か〜し博多茄子美の
つらを見よ　　　　匡

92. Eierfrucht

Sieh die langen, langen Gesichter der Eierfrüchte,
die in Hakata gewachsen sind. [Wie lang und glänzend!]

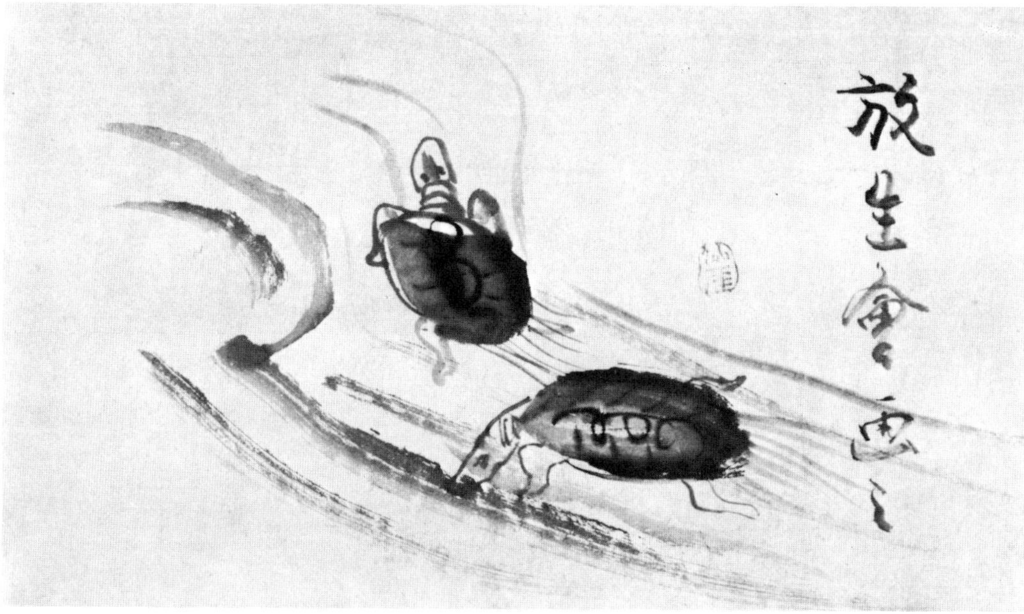

放生會画之

93. Tag desTieres und der Erhaltung des Lebens

Im Buddhismus wird ein Tag für die Erhaltung und Erzeugung von Leben eingehalten, an dem lebende Wesen nicht getötet werden. Die Menschen hängen in ihrer Existenz weitgehend von der anderer Lebewesen wie Fischen, Säugetieren und Pflanzen ab. Zum Gedenken daran, wieviel wir ihnen schulden und um unsere Dankbarkeit auszudrücken, werden Fische, Vögel oder, wie hier abgebildet, Schildkröten unter Absingen von Sūtras freigelassen.

戒殺放生

94. Kensu der Bettler

Nicht töten, ist das Gebot
Die Lebenden aus der [Gefangenschaft
zu entlassen, ist Nächstenliebe].

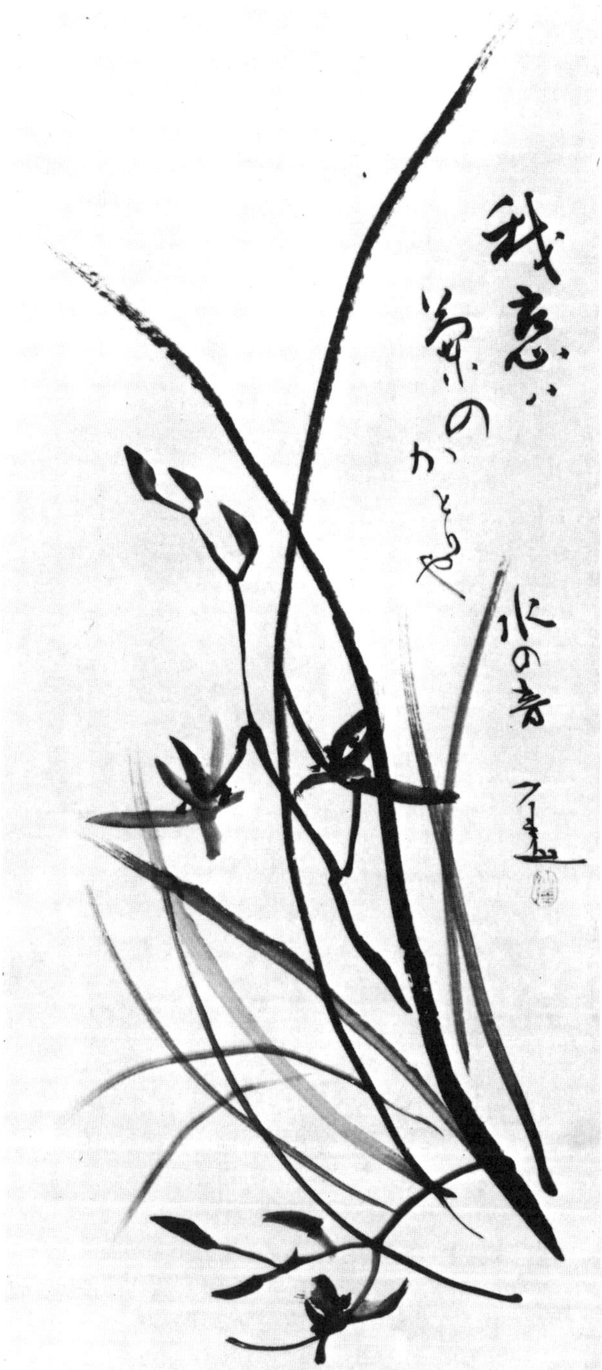

我恋ハ蘭のかをりや水の音　匡

95. Die Orchideen

Was ich liebe, ist
Der Duft der Orchidee
Und das Geräusch des Wassers.

Welches »Geräusch des Wassers« Sengai hier meint, ist nicht ganz klar. Vielleicht bezieht er sich auf Bashos berühmtes Haiku über das Geräusch des Wassers, das entsteht, wenn ein Frosch in den alten Teich springt (siehe Abb. 110). Der »Duft der Orchidee« erinnert an die Begegnung eines konfuzianischen Dichters mit einem Zenmeister. Der Poet kam eines Tages zu dem Zenmeister und fragte ihn: »Was ist Tao (der Weg)?« Der Meister antwortete: »Dein Lehrer gibt ein feines Beispiel dazu in seinem Analekt. Tao ist darin enthalten.« »Worauf beziehst du dich«, fragte der Dichter. »Es heißt: Ich habe nichts vor dir zu verbergen. Tao ist allgegenwärtig. Wenn du Augen hast, kannst du es sehen«, war die Antwort des Meisters, doch der Dichter verstand sie nicht. Als sie später in den Bergen wanderten, stand wilder Lorbeer in voller Blüte. Der Meister deutete auf die Bäume und fragte: »Riechst du den Duft des Lorbeers?« »Ich rieche ihn«, antwortete der Dichter. »Das ist es. Ich habe nichts vor dir zu verbergen. Hier dringst du ein.«

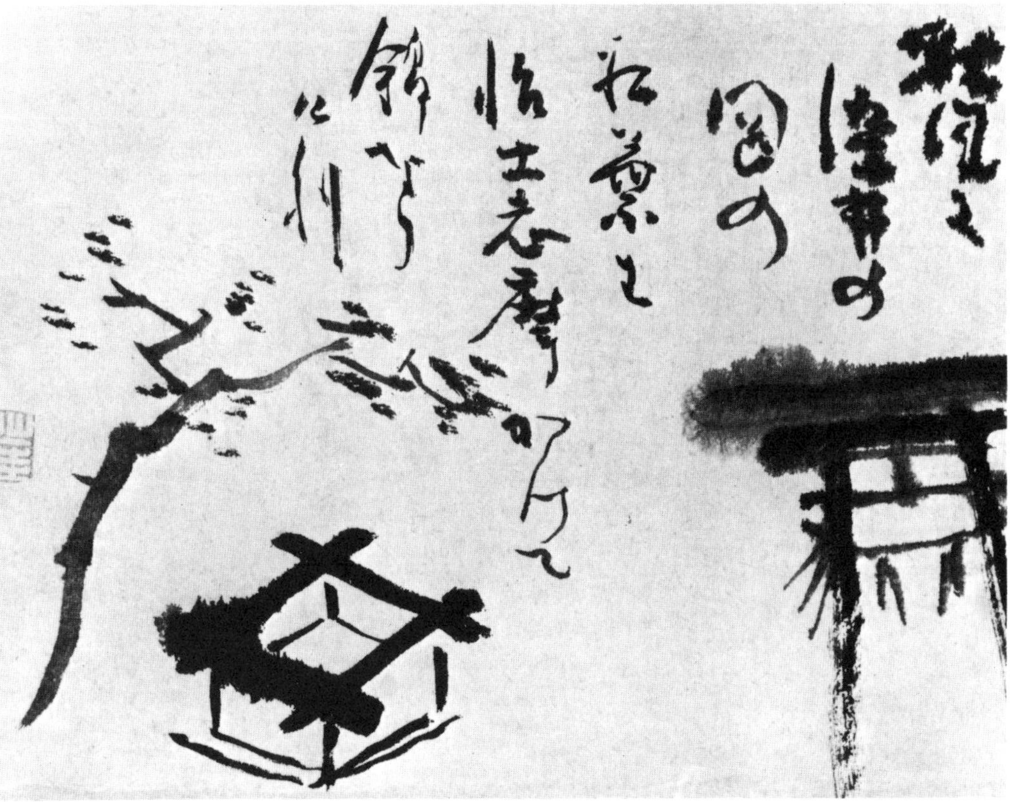

秋風に染井の岡の紅葉は
怡土志摩かけて錦なりけ利

96. Der Hügel Somei

Wenn die Herbstwinde
Zu wehen beginnen,
Verfärben sich die Blätter
Karminrot am Hügel Somai
Und weben vielfarbige Bahnen aus Brokat
Am Weg zur Insel Ito.

97. Die westliche Hauptstadt

Reisfelder überall, wo einst die mächtigen
Gebäude der westlichen
Hauptstadt standen.

Es ist Herbst und die Bauern sind emsig bei der Ernte.
Meine Ärmel sind naß von Tau [Tränen].

Was ist geblieben von den alten Tagen vor tausend Jahren?

Ist der einsame Tempel Avalokiteśvara, dem Gott der Barmherzigkeit, geweiht? Die Abendglokke sendet ihren Klang weit über die Gegend der alten kaiserlichen Residenz.

西都府懐古図并詩

収稲田露湿衣秋　基古千年紫府樓
郊外猶餘観世寺　暮鐘聲落帝王州
匡陳人

98. Chrysantheme

Mißachte nicht,
Es steht eine Chrysantheme
Irgendwo im Hof.

Was Sengai hier sagen will, ist wahrscheinlich, daß wir nicht geringschätzig von seiner Hütte denken sollen, wie ärmlich sie auch sein mag. Irgendwo im Hof blüht eine Chrysantheme, die unvergleichlich ist in ihrer unirdischen Schönheit.

そしるなよ
庭の阿たりに
菊の花　厓

99. Der Herbstmond

Ein klarer Mond zur Mitte des Herbstes
erhellt die ganze Welt.

In Japan wie auch in China scheint der Mond am hellsten in der Nacht nach dem fünfzehnten Tag des neunten Monats im Mondkalender. Der Himmel ist dann ohne Dunst. Es ist Vollmond und die Mondgöttin wird gefeiert mit Opfern von Reiskörnern, wilden Herbstblumen und einem Krug Sake.

一輪明月掛中秋

獨りすむ庵の林の山鳩ハ
とふ〜志たかひ
とふしたかひとこそ
きけはきゝ野流
秋の夕くれ　　　匡

100. Meine Hütte am Berg

Allein in einer Berghütte
An diesem Herbstabend,
Scheint der Ruf der wilden Taube
Etwas zu sagen wie:
Dō dō Shitakai, dō Shitakei. [Wie geht es Dir?]

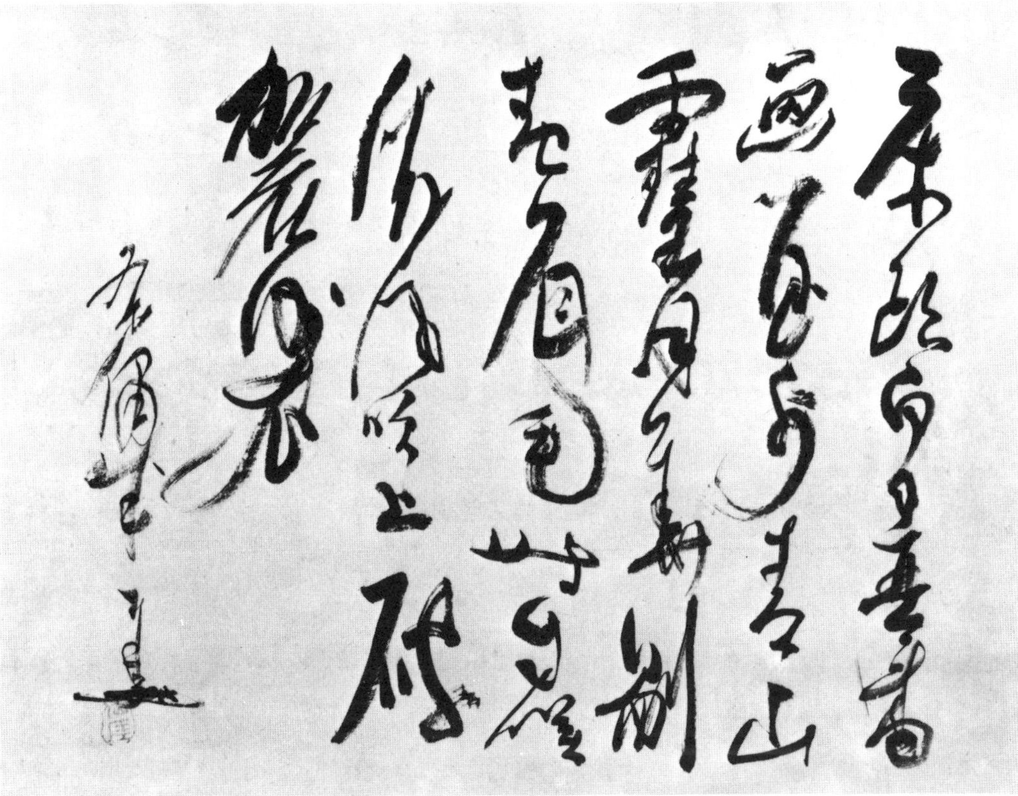

床頭白日琴書画　屋外青山雪月華
剔起眉毛時自咲　清風吹上破袈裟
右偶成　匡

101. Meine zerlumpte Kutte

Die Sonne scheint auf meine Veranda,
Ich sehe mir Bilder und Schriften an;
Draußen die grünen Berge, der Schnee,
der Mond und die Kirschblüten.
Ich hebe den Kopf und lächle; der reine Wind
spielt mit meiner zerlumpten Kutte.

大日如来眞言を以て
人界の春るを加持志奉る
阿まてらす國を清よめて初烏

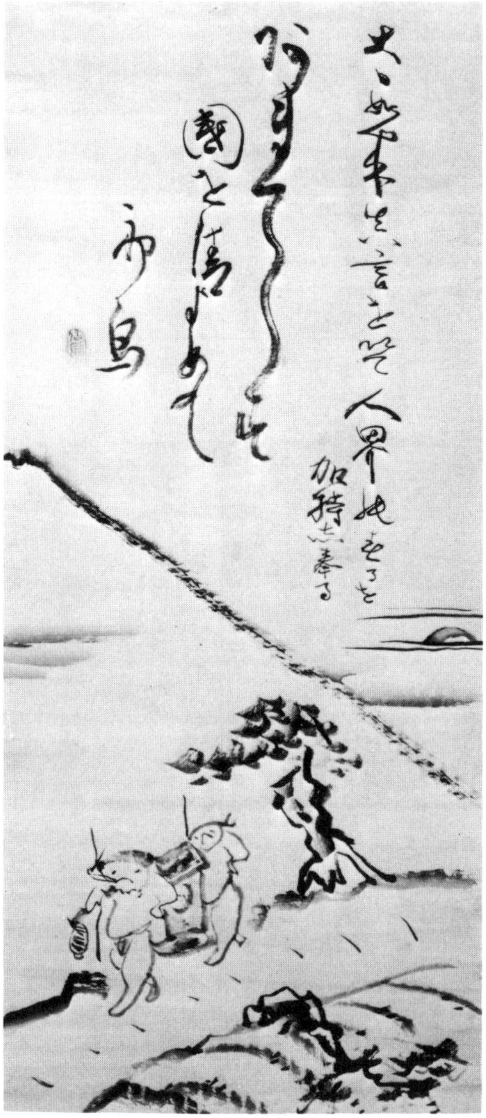

102. Das neue Jahr

Mit dem Mantra des Großen Erleuchtenden Buddha bete ich um ein glückliches Vorzeichen für das kommende Jahr dieser von Menschen bewohnten Erde.
Der erste Schrei der Krähe!
Möge unser Land geläutert bleiben, wo die himmlische Sonne leuchtet.
[Die Krähe ist ein Symbol der Sonne.]

若か水に洗ひきよめて人毎に
日日に新たにまた新たなれ
若水或作阿伽　　匡

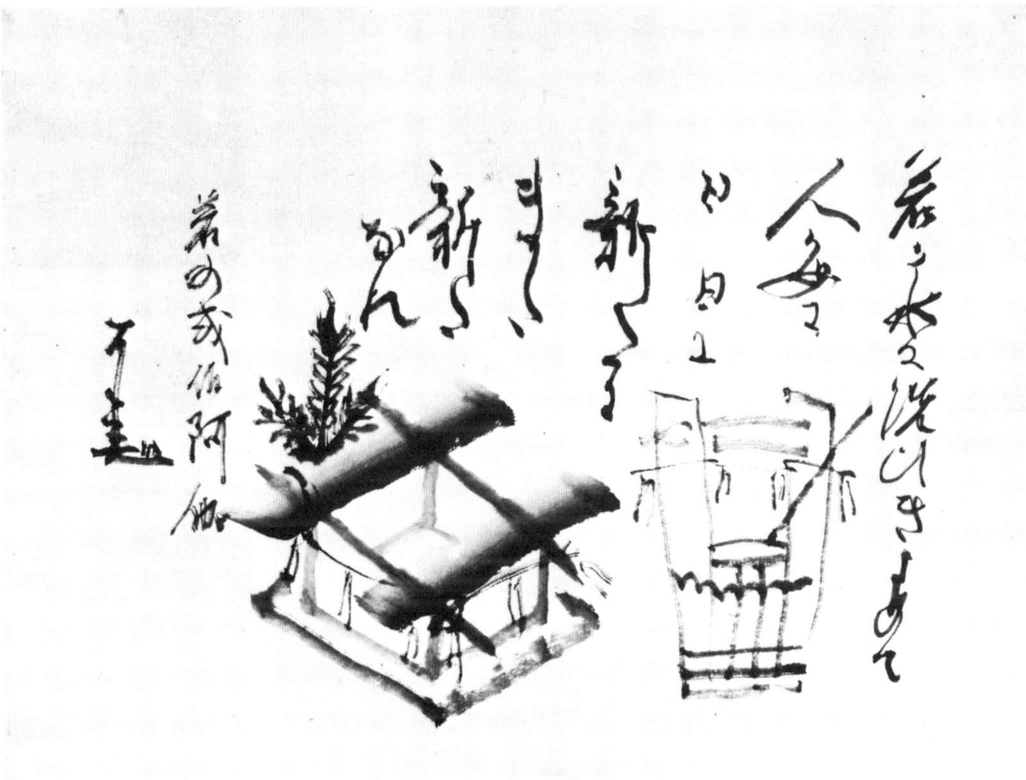

103. Läuterung

Wascht [eure Seelen] in diesem frischen Wasser
[des neuen Jahres],
Erneuert sie Tag für Tag,
Von neuem geläutert jeden Tag.

志ら鷺ハ有りやなしやと見へ分かぬ
雪にからすの色は津流かな　　　厓

104. Die Raben

Ein weißer Reiher im Schnee
ist schwer davon zu unterscheiden;
Aber die Raben,
wie sie sich abheben!

Ein altes Liedchen lautet:

Der Reiher steht im Schnee,
ist nicht mit ihm identisch;
Der helle Mond auf dem blühenden Schilf,
sie sehen nicht gleich aus.

Diese Zeilen werden von den Buddhisten of zitiert, um die Doktrin der Identität und der Verschiedenheit zu erläutern. Einige von uns neigen dazu, alles auf die Kategorie der Identität und Verschiedenheit zu reduzieren. Sengai aber versucht nachdrücklich, den Aspekt des Unterschieds im Gegensatz zur Gleichheit hervorzuheben, eine Wahrheit, die häufig sogar von den Zen-Denkenden vergessen wird.

高良山上玉垂宮
天遶石屏地勢雄
寂爾松杉神所在
西征永仰止戈功
巳卯冬日四軒席
上図之　　厓

105. Ein Blick auf Kōrasan

Auf dem Berg Kōra steht der
Tamadare-Shintō-Schrein,
Beschützt von den Felsen.
Die Sicht nach unten ist vollendet
schön,
Pinien und Farne wachsen dicht.
Ein rechter Wohnsitz der Götter, von
deren majestätischer Macht es
abhängt, ob Frieden im Westen
herrscht.

Gezeichnet von Gai auf dem Fest, das an einem Wintertag im Jahre des Hasen in Shiken gefeiert wurde.

七福神　　厓仕合受合

106. Das Shintō-Tor

Die sieben Götter des Glücks
[Unterschrieben von] Gai
Glück verbürgt

Diese drei Schriftzeichen bedeuten: Sieben Götter des Glücks. Diese Götter sind indischer, chinesischer und japanischer Herkunft. Das Erstaunliche aber ist, daß sie alle über oder unter einem Shintō-Tor versammelt werden.

世の卯そと己のか誠おかへてやれ
祈らすとても神や守らむ

107. Der Dompfaff (Usō)

Tausche den Usō [die Lüge] der Welt
gegen deine MAKATO [Wahrheit],
dann wird Gott dich betreuen,
ob du zu ihm betest oder nicht.

Jedes Jahr findet am siebenten Tag des ersten Monats um Mitternacht das Usō-gae-Fest im Temma-gū Shintō-Schrein in der Stadt Fukuoka statt. Zu diesem Anlaß verteilen die Tempelwächter kleine Holzfiguren des Zugvogels; die Gläubigen kommen mit ihren alten Figürchen, die sie im vergangenen Jahr erhalten hatten, und tauschen sie gegen neue aus. Unter den neuen Figuren befindet sich ein golden gefärbter Vogel. Wer ihn zufällig bekommt, soll im neuen Jahr besonders viel Glück haben; der Tausch findet in Dunkelheit statt, sodaß keine Auswahl zu treffen ist. Der Schrein ist dem Geist Sugawara Michizanes gewidmet, dem Sengai ebenfalls eine Zeichnung gewidmet hat (Abb. 84). Usō hat in Japan jedoch noch eine andere Bedeutung: Es kann auch Lüge meinen. Sengai rät hier den Shintōgläubigen, die Lügen der Welt auszutauschen gegen das MAKATO in ihrem Herzen. MAKATO bedeutet »Wahrheit«, »Ehrlichkeit« oder »Aufrichtigkeit«. Werden Lügen durch Wahrheit ersetzt, wird sich Gott bestimmt der Dinge annehmen, ob man nun zu ihm betet oder nicht.

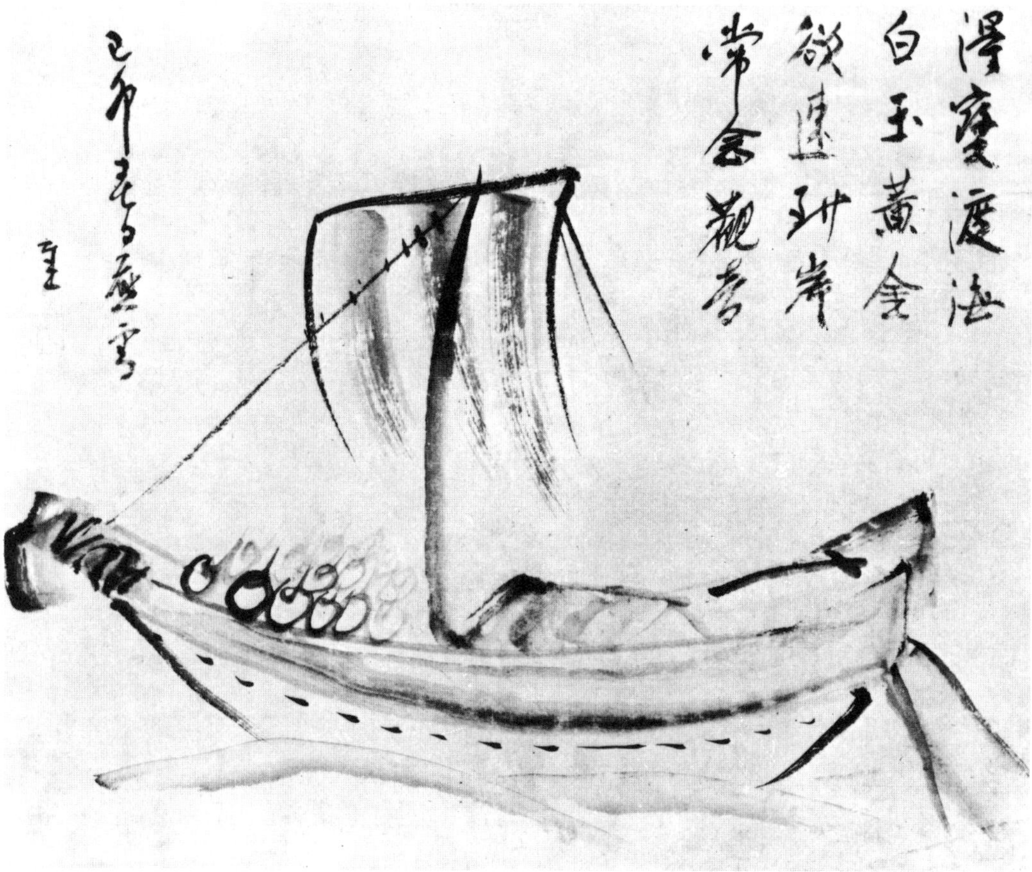

得寶渡海　白玉黃金
欲速到岸　常念觀音
己卯春日應需　厓

108. Das Schatzschiff

Das Schiff mit den Schätzen kreuzt auf dem Meer,
Mit weißen Perlen und gelbem Gold.
Wenn sie schnell und sicher landen wollen,
Laßt sie auf der Fahrt zur Kwannon beten.

109.

Es gibt dreihundertsechzig Tage im Jahr,
und ich bin ihr Herr
[gleich dem alten Meister, der sagte:]
Ich benutze die zwölf Stunden des Tages,
der eine menschliche Erfindung ist.

Die Bedeutung des Verses ist: Ich bin kein Sklave der Zeit, da Zeit nur ein menschlicher Versuch ist, unser Leben zu erklären.

Die Zeit, die wir innerlich leben, ist nicht Zeit; sie kann nicht in Stücke geschnitten werden, in Stunden, Tage und so weiter. So würde die Zeit zum Kadaver. In westlichen Begriffen ausgedrückt: Der Augenblick ist Ewigkeit, oder: Die Schöpfung ist ohne Ende. Ein berühmter Ausspruch Jōshūs (Chao-chou) lautet: Die Menschen auf dieser Welt sind von der Zeit unterjocht, ich aber bin ihr Meister.

一年三百六十日使得人間十二時

古池や
芭蕉飛こむ
水の音　厓

古池や
何やらぽんと
飛ひこんた　厓

池阿らは
飛て芭蕉に
聞かせたい　厓

110. Bashō und der Frosch

(I) Ein alter Teich;
Bashō springt hinein –
Das Geräusch des Wasser!

(II) Ein alter Teich;
Etwas ist hineingesprungen,
Platsch!

(III) Wenn es hier einen Teich gäbe,
würde ich hineinspringen
und ihn das Platschen hören lassen!

Hier wird Sengais Faszination für Bashō's Haiku offenbar. Die drei Variationen basieren auf Bashō's Original:

Ein alter Teich,
Ein Frosch springt hinein –
Das Geräusch des Wassers!

Man mag sich wundern, was da so Besonderes an der einfachen Beschreibung eines Vorgangs ist, weshalb der Sprung eines Frosches und das »Platsch«, das er hervorruft, so bedeutungsvoll sein sollen, daß es Aufsehen erregt. Wenn ich so sagen darf: War für Bashōs Ohren der Sprung des Frosches in den alten Teich und das »Platsch« nicht wie der Ausruf Gottes: »Es werde Licht!« – denn war es nicht ein Ereignis von höchster Ordnung? In diesem Augenblick drang Bashō in die Geheimnisse der Schöpfung ein und erfaßte das ganze Universum von der anfanglosen Zeit bis zum endlosen Ende. Dies war keine geringe Tat.

Es ist der Dichter, der das tägliche Leben der prosaisch denkenden Menschen in etwas Außerordentliches verwandelt. Es ist der Dichter, der im Gewöhnlichen etwas Bewundernswertes sieht, und niemand kann im wirklichen Sinne des Wortes ohne Dichtung leben.

Sengais Haiku sind nicht als gewöhnliche Parodien zu verstehen, sondern als Erläuterungen seines Zen-Standpunktes. Er läßt zum Beispiel Bashō anstatt des Frosches in den Teich springen, und versucht so, das Ereignis für die innere Erfahrung des Lesers zu wiederholen.

堪　忍
気に入らぬ風も阿ろふに柳哉　　厓

111.　Die Weide

Geduld – Winde mögen wehen,
Die rauh sind,
Aber die Weide!

Die Weide steht gleichmütig bei allen Winden oder keinem Wind.

112. Ein einsames Leben

Ein einfaches Leben in einer bescheidenen Hütte
Von jemand, der nicht zu dieser Welt gehört,
Eine Schale Reis, eine Tasse Tee.
Vertieft in Meditation – wie kann er da Zeit finden,
Um Pfirsiche und Aprikosen zu pflanzen?
[Es ist ohne Bedeutung,] die Blumen blühen gleichwohl
in des Nachbars Garten.

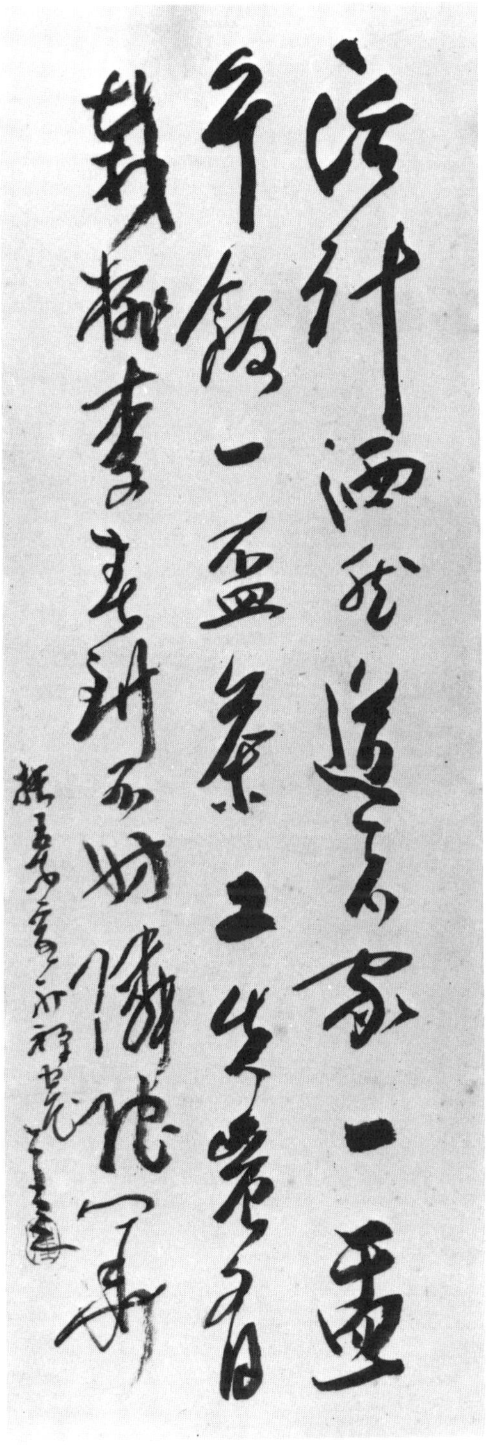

活計洒然道者家　一盂午飯一盂茶
工夫豈有栽桃李　春到不妨隣院華
扶桑最初禪窟　匡

を月様幾つ　十三七ツ

113. Hotei singt ein Wiegenlied

Wie alt bist du, lieber Mond?
Dreizehn-sieben?

Die letzte Zeile bezieht sich auf die chinesische Methode der Zeitrechnung und bezeichnet die siebente Stunde des dreizehnten Tages des Monats. Das Lied geht weiter: »Du bist noch klein, nicht wahr? (Wenn du erst Kinder bekommst,) kommt zunächst eines, dann noch eines, und wieder eines. Welches wirst du auf deinem Schoße halten?«

Diese Worte haben keinen bestimmten Sinn; es ist nur eine Melodie, um das Kind in den Schlaf zu wiegen. Aus vollem Herzen singt Hotei mit seinem kleinen Freund! Er gilt als eine Art Schutzheiliger für die Kleinen. Wo er auch hingeht, wird er von ihnen umgeben. Sein Herz ist eins mit ihnen, sodaß er selbst wie ein Kind ist. Er ist die Unschuld selbst, eine echte Verkörperung von Selbstlosigkeit, Freiheit und Humor.

OTSUKI SAN ist eine zärtliche Art, den Mond anzusprechen. Für die Kinder ist er kein weit entferntes, unbekanntes Ding, das entdeckt und ausgebeutet werden muß. Er ist für sie ein geheimnisvolles, doch vertrautes Wesen, das uns immer zu folgen scheint, um uns mit seinem sanften, warmen Schein zu erfreuen.

Hotei (Pu-tai) ist eine historische Figur und der Überlieferung nach 916 v. Chr. gestorben. Seine Biographie wurde im DENTŌROKU (Die Weitergabe der Lampe), der Geschichte des Zen, aufgezeichnet. Heute stellen wir ihn uns immer vor mit einem großen Sack, einer Art unerschöpflichem Füllhorn des Glückes. Er ist ein Glücksgott, der die Schätze aus seinem Sack verteilt, obgleich er selbst sehr arm und bescheiden ist. Er verkörpert den Bodhisattva Maitreya, der gegenwärtig im Palast des Tushita-Himmels bereit steht, um unter uns zu erscheinen, wenn das gegenwärtige KALPA zu Ende gegangen ist.

無 事　　匡

114. Buji

Die beiden chinesischen Schriftzeichen bedeuten auf japanisch Buji und auf chinesisch Wu-shih. Eine moderne Übersetzung könnte lauten: »Frei von Angst (oder Furcht).« Wörtlich bedeuten sie »keine Arbeit«, »kein Ereignis« oder »alles ist gut«.

Zenmeister Rinzai (Lin-chi, gest. 866) sagte: »Ein wahrer Aristokrat ist, wer BUJI ist (ohne Angst).« Gemeint ist hier eine geistige Aristokratie und nicht eine gesellschaftliche Stellung.

Meister Tokusan (Tê-shan, 782–865) ist deutlicher in der Bestimmung des Wortes BUJI. Er identifiziert es mit MUSHIN, der geistigen Unbestimmtheit: »Kein Geist in Arbeit, keine Arbeit im Geist« (WU SHIH YÜ HSIN, WU HSIN YÜ SHIH). Dieses Epigramm könnte umschrieben werden mit: »Wenn du arbeitest, denke an nichts anderes als die Arbeit, mit der du beschäftigt bist. Laß die Arbeit sich selber tun, als wäre sie vom Teufel oder, besser noch, von Amida Buddha besessen. Wenn du nicht arbeitest, dann ruhe. Laß dich nicht vom Gedanken an die Arbeit verfolgen; erlaube dir nicht, von der Arbeit besessen zu sein. Sei Meister deiner Arbeit und deiner selbst.«

Das Wort »Meister« könnte das Wirken des Selbst oder des Ego andeuten. Es ist jedoch nicht relativ zu verstehen, sondern absolut. Es ist der Meister, der nicht seinesgleichen und keinen Herrn hat, da er alles aus sich selbst heraus und in sich selbst ist. Es ist der Meister, den Rinzai im Sinn hatte, als er sagte: »Sei Meister, wo immer du dich befindest, und deine Stellung wird immer wahrhaftig sein.« Der Ausspruch: »Dein Wille geschehe«, paßt wunderbar, um den Sinn in BUJI zu beschreiben. Allerdings sollte er völlig ohne jeden Gedanken an einen Gott gesagt werden. Der Zenlehrer würde manchmal lehren: »Sei wie ein Stück Holz oder ein Stein.« Diese Belehrung kann leicht mißverstanden werden. So füge ich hinzu: »Sei wie ein Stück Holz oder ein Stein mit menschlichem Bewußtstein.« Dieses Bewußtsein freilich ist nicht unser gewöhnliches Bewußtsein; es ist das unbewußt Bewußte oder bewußt Unbewußte.

Ein anderer chinesischer Meister, Banzan Hojaku (P'an-shan Pao-chi, gest. 788), beschreibt BUJI in Aktion: »Es ist wie das Schwingen eines Schwertes in der Luft – man denkt nicht daran, ob es das Ziel trifft oder nicht.« Unmmon Bun-en (Yün-men Wenyen, 864–949) ist bejahender: »Wenn der große Akt sich zeigt, kennt er keine Gesetze.« Der »große Akt« ist »Dein Wille«, und »Dein Wille« ist mein »unbewußtes Bewußtsein«. Dies ist Sengais BUJI.

Eimyo Enju (Yung-ming Chih-chiao, 904–75), der Autor des Sugyo-roku (Tsung Ching Lu, »Aufzeichnungen vom Zenspiegel«) schrieb folgenden Vers:

Wenn Du das Wesentliche
Meiner Lehre wissen willst,
Dann beobachte den See draußen
Vor dem Tempeltor:
Wenn die Sonne scheint
Wie strahlend spiegelt sie sich!
Wenn der Wind aufkommt,
Wie schäumen da die Wellen!

BUJI wird oft mit Nichtstun oder Faulheit verwechselt. Daher diese wortreichen Erklärungen.

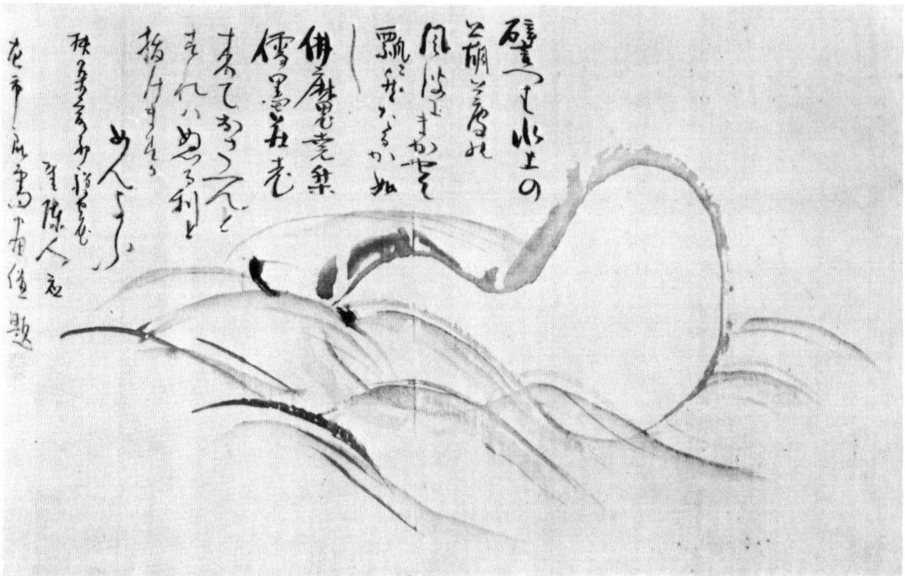

譬へは水上の葫蘆の風波にまかせて
瓢々然たるか如し
佛魔堯桀儒墨荘老来ておさへんとすれは
ぬる利と抜けますか　めんよふ
扶桑最初禅窟　厓陳人應
左市良需画住題

115. Die schwimmende Kalebasse

Es ist wie eine auf dem Wasser schwimmende Kalebasse. Sie ist niemals ruhig, einmal geht sie unter, dann taucht sie wieder auf, je nach Laune des Windes. Was aber die Kalebasse selbst betrifft, so bleibt sie gänzlich unberührt davon. Buddha oder der Teufel, Yao oder Shun, oder Mo-tzu, Lao-tzu oder Chuang-tzu, jeder von ihnen mag versuchen sie zu fassen. Die Kalebasse aber gleitet ihnen flink durch die Finger; sie ist schlüpfrig und äußerst ausweichend. Wie ärgerlich!
Gemalt und beschriftet von Gai dem Nutzlosen auf Verlangen von Saichiro.

Die letzte Wirklichkeit oder das Tao (Weg) ist völlig unabhängig von all unseren Anstrengungen, sie geistig zu erfassen. Wenn wir denken, wir hätten sie endlich erfaßt, entschlüpft sie unserem Zugriff. Doch treibt sie vor unseren Augen dahin, ungeachtet unserer intellektuellen Versuche, sie auf dem festen Brett der Verständlichkeit festzunageln. So lange sie dualistisch als Objekt betrachtet wird, bleibt sie immer unserem Zugriff entzogen. Das Wesentliche ist deshalb, uns selbst damit zu identifizieren und mit ihr dahintreiben zu lassen auf dem ewig fließenden Strom des Lebens.

道難救周　徳不化胡
叱　青牛迷途
文化丁丑夏
扶桑最初禅窟　厓陳人

116. Lao-tsu

Sein Weg [TAO] konnte Chou nicht
Vor dem Niedergang retten.
Seine Tugend [TÊ] hat die Barbaren
nicht bekehrt.
Pshaw!
Der dunkle Ochse weiß nicht, welchen Weg er jetzt nehmen soll.

Lao-tse (5. Jh. v. Chr.) schrieb das bekannte TAO-TÊ-CHING. TAO bedeutet »Weg«, TÊ »Tugend« und CHING ein kanonisches Werk. Lao-tse konnte jedoch mit all seiner Weisheit und Tugend die Chou-Dynastie nicht vor dem Niedergang retten. Er wird der Sage nach für eine Inkarnation Buddhas oder einen seiner Hauptschüler in Indien gehalten, der die Hinduisten zum Buddhismus zu bekehren suchte.

Dies gelang ihm nicht. Lao-tse reitet sein Lieblingstier, nichtwissend, wohin der Weg gehen soll. Dies ist von Sengai nicht als Kritik an Lao-tses Philosophie gemeint. Eher beklagt er den weltlichen Weg der Meisten mit uns.

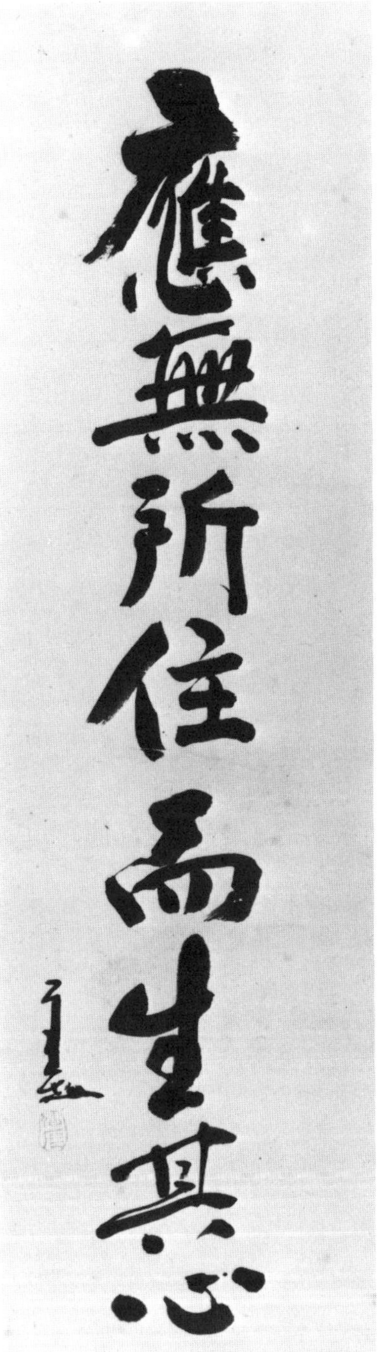

117.

Pflege einen Gedanken, der an nichts hängt.
(Oder: hege keine Gedanken, die an etwas hängen.)

Dies ist ein Zitat aus dem VAJRACCHEDIKĀ-PRAJÑĀ-PĀRAMITĀ-SŪTRA oder DIAMANT-SŪTRA. Ein Gedanke, der in egoistischer Absicht mit etwas verhaftet ist, ist unrein. Mit »Gedanken« wird hier allgemein alles gemeint, was vom Geist bewegt wird. Ein losgelöster Gedanke, der an nichts hängt, ist ein Gedanke, der in den Tiefen der Subjektivität zur Leer-heit (SŪNYATĀ) erweckt wird. Oder mit den Worten Meister Eckharts: Dieser leere Geist ist der innerste Kern der Abgeschiedenheit. Ontologisch ist die Leer-heit das Sein an sich; moralisch entspricht sie dem Nicht-Haften, der Selbstlosigkeit.

應無所住而生其心　　匡

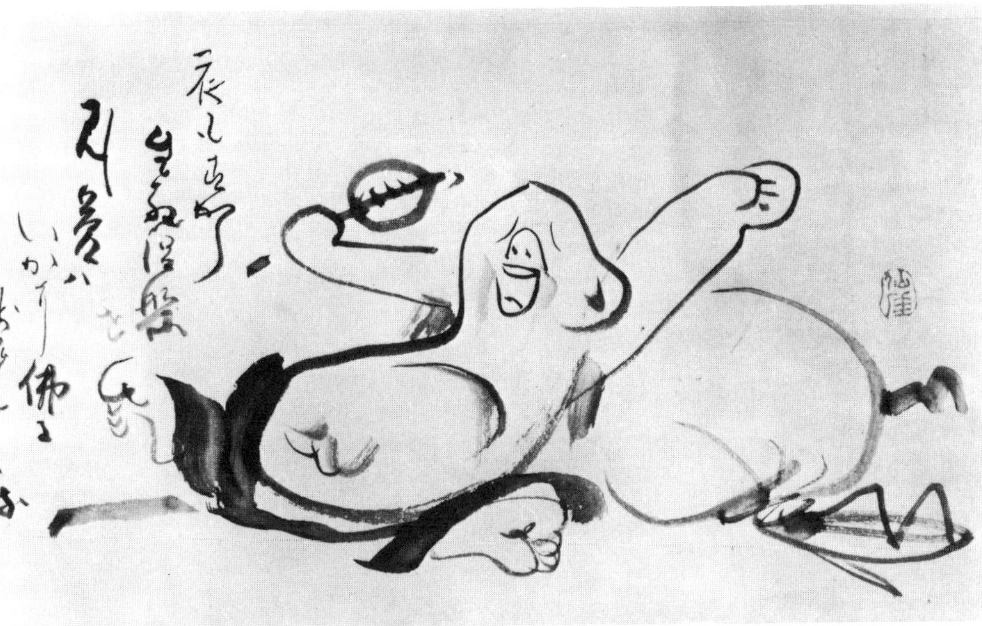

夜もすから生死涅槃を見し夢ハ
いかに佛に厭れにけ流

118. Buddha-besessen

Während der Nacht
Wurde ich geplagt von
Den Gedanken an Nirvana und Samsara:
[Wie erschöpfend war der Traum!]
Offensichtlich wurde ich zu einem
Gefangenen Buddhas gemacht.

Im Zen spricht man von der Überbesessenheit durch Güte oder Heiligkeit. Jede Form von Besessenheit wird aber als unerwünscht angesehen. Meister Jōshū (Chao-chou, 778–897) sagt: »Ich hörc nicht gerne das Wort ›Buddha‹.« Manchmal warnt er seine Schüler: »Verweile nicht, wo Buddha ist, gehe rasch weiter, wo er nicht ist.« Wenn man zu sehr vom Begriff des Buddha oder Nirwana oder Samsara oder der Erleuchtung besessen ist, dann bleibt man davon hypnotisiert und kann niemals das rechte Verständnis erlangen. Der Weg, sich der Buddhaschaft oder Erleuchtung zu nähern, besteht darin, den logischen Widerspruch »A ist A weil A nicht-A ist« durch eigene Erfahrung zu konkretisieren, das heißt: das Unverständliche verstehen.

Sengai zeigt sich selbst als Hotei, der von einem erschöpfenden Alptraum erwacht, wie es oben beschrieben wurde. Hotei ist das wahre Symbol der geistigen Freiheit.

これくふて茶のめ

119. Kreis

Iß das
Und trink eine Tasse Tee.

Erläuterungen

von Shokin Furuta

Abbildung

IV. Auf japanisch EN-MEI. EN bedeutet »weit«, MEI »klar«. Dies wurde wahrscheinlich auf eine für ein Teehaus bestimmte Tafel geschrieben.

IX. Hinter dem Shōfukuji-Tempel in Hakata.

2. Sengai zeichnete Amida, den Buddha des unendlichen Lichts, auf die abgepauste Kopie des SUKHĀVATĪ-SŪTRA-Steins des Großen Munakata-Schreins in der Präfektur Fukuoka, als er neunundsiebzig Jahre alt war.

4. Mit dem Abschluß der Übersetzung des KEGON-SŪTRAS (BUDDHAVATAMSAKANĀMA-MAHAVAIPULYA-SŪTRA) ins Chinesische wurde die Kegon-Sekte (AVATAMSAKA) gegründet und entwickelte sich zur philosophischsten Sekte des Buddhismus. Sie gelangte nach Japan in der Nava-Epoche.

6. TENBŌRIN bedeutet »Das Rad des Dharma drehen« (DHARMA-ĆAKRAPRAVARTANA). Dies wurde wahrscheinlich für eine unter der Dachrinne der Zeremonienhalle aufzuhängende Tafel geschrieben.

7. Diese Darstellungsweise der Kwannon findet man sehr selten; sie wird SUIGETSU- oder Wasser-Mond-Kwannon genannt. Man spricht auch von der Trauerweiden-Kwannon, da sie einen Zweig dieses Baumes in der Hand hält. Das hängt mit dem Glauben zusammen, daß sie jedem Gebet nachgibt wie die Trauerweide, die sich im Wind beugt.

10. BON ist eine Abkürzung von Sengais Vornamen Gibon.

12.1 Ein weiser und tugendhafter Kaiser, der den Chou-Staat um 1100 v. Chr. mit seinem System des Li-Yue regierte.

2. TARA ist die Abkürzung für TARA-KANKAN, womit man Leute meint, die ausschließlich und unter sehr engem Blickwinkel die Sutren lesen.

18. Die Inkarnation des Südpolarsterns. Man nimmt an, daß er etwa im 11. Jahrhundert gelebt hat.

28. Im traditionellen Zen wird Hyakujo wie Hajo geschrieben.

35. Rakuyo (Lo-Yang) war die Hauptstadt.

39. Ein japanischer Wein.

40. ZA bedeutet sitzen, ZEN Meditation.

47. Eine alte Redensart lautet: Zeichne einen Tiger immer zusammen mit Bambus, damit

man sieht, daß es keine Katze ist.

48. Es besteht keine gedankliche Verbindung zwischen diesen beiden Rollbildern, aber sie waren als Paar aufgezogen.

52. Der Originaltext heißt NANIWA-ZU. ZU ist der stimmliche Ausdruck von TSU, was »Landungsstelle« oder »Kai« bedeutet. Es ist ein Wort, das mit YO-O-WATARU verbunden ist, und bedeutet »seinen Weg auf der Reise des Lebens« zu steuern.

60. Der Berg Fuji, ein ruhender Vulkan, wurde von den Japanern als heiliger Berg des Schutzgottes verehrt. Im TAKETORI MONOGATARI heißt es, daß auf dem Gipfel das königliche Elixier der Unsterblichkeit, das Prinzessin Kaguya zurückgelassen hat, verbrannt wird, dessen Rauch unablässig aufsteigt. Fuji kann mit den sino-japanischen Schriftzeichen auf zwei Weisen geschrieben werden. Eine Kombination bedeutet »nicht zwei«, die andere »reicher Herr«. »Nicht zwei« hat in der buddhistischen Sprechweise die Bedeutung von Nicht-Dualismus.

62. Auch bekannt als ZENNE DAISHI. Er wird in der »Überlieferung der Lampe« erwähnt.

73. Im Hakata, Präfektur Fukuoka.

85. Der Berg Rai im Kreis Itoshima in der Präfektur Fukuoka.

92. »Langes Gesicht« suggeriert Geringschätzung oder Verachtung.

94. Ein Zenmeister der T'ang-Dynastie. Man berichtet, daß er oft Garnelen gefischt und gegessen habe. Er gab vor, ein verrückter Mönch zu sein und wird in der »Überlieferung der Lampe« erwähnt.

96. Die Außenviertel von Hakata, Präfektur Fukuoka.

97. Die westliche Hauptstadt ist Dazai-fu auf Kyushu. Sie wurde 664 als Zentrum der Kommunalverwaltung gegründet und ist sehr bekannt wegen der »Überreste der alten Zivilisation«.

102. Auf japanisch DAINICHI, auf sanskrit MAHAVAIROCANA.

103. Auf japanisch WAKAMIZU. Der Originaltext bedeutet »aus WAKA (frisch) oder AKA (Wasser, ARGHA auf Sanskrit) gemacht«. ARGHA heißt »reines Wasser«. Es ist möglich, daß die japanische Aussprache von ARGHA stammt.

105. Der Berg Kora südlich der Stadt Kurume, Präfektur Fukuoka.

108. Ein Rollbild des Schatzschiffes wird häufig am Neujahrsfest als glückbringendes Symbol aufgehängt. Das KWANNON-SŪTRA ist ein Kapitel des LOTUS-SŪTRA.

113. Es kann sich auf die siebente Stunde des dreizehnten Tages des Monats beziehen. Zwei Nächte vor dem Vollmond ist der Mond immer noch jung. In der siebenten Stunde ist es noch so früh, daß der Mond noch nicht hoch über dem Horizont stehen kann. Daher »Du bist (zu) jung«.

117. Auf japanisch KONGŌ-KYŌ.